무소의 뿔처럼
당당하게 나아가라

무소의 뿔처럼 당당하게 나아가라

코뿔소가 알려주는 진정한 성공의 의미

스콧 알렉산더 지음 | 엄성수 옮김

RHINOCEROS SUCCESS

www.winnersbook.co.kr 위너스북
WINNER'S BOOK

나를 코뿔소로 키워 주신
아버지와 어머니께 이 책을 바칩니다.

추천사

:

나는 어려서부터 동작이 아주 잽싸고 저돌적이었으며 제법 수완도 있었다. 열두 살 때 잔디 깎는 일을 했던 기억이 난다. 나는 단순히 한 집 잔디를 깎고 돈을 받은 뒤 다시 다른 집으로 가는 데 만족하지 못했다. 동네 고객들이 앞다퉈 서로 자기 집 잔디를 깎아 달라고 하게 만들어 한 번에 두세 집씩 잔디를 깎았다. 그렇게 해서 나는 최저 시급을 받고 햄버거 가게나 영화관에서 아르바이트하는 내 친구들과는 비교도 안 될 만큼 많은 수입을 올렸다. 솔직히 말해 나는 여태껏 최저 시급을 받고 일해 본 적이 없다.

그래서 한참 성공을 향해 달리던 20대 초에 이 책을 건네받았을 때, 내 입에선 바로 이런 말이 튀어나왔다. "그래. 이게 바로 나야. 난 코뿔소야!" 코뿔소는 치열하고 격정적이며 집중력도 강하다. 또한 자신이 가고자 하는 곳을 정하면 바로 내달리기 시작해 걸리적거리는 것은 그 무엇이든 다 깔아뭉갠다. 그렇게 코뿔소는 모든 일을 해낸다.

나는 당신이 시장 경쟁에서 이기려면 코뿔소 정신을 가져야한다고 믿는다. 오늘날 우리 사회 속에서 뭔가 중요한 것을 이루려면 열정이 있어야 한다. 아주 중요한 미식축구 경기에서 미친 듯이 열정적인 선수 하나가 경기 흐름을 확 뒤바꿔놓는 경우가 얼마나 많은가? 아주 강인한 한 사람이 마이크를 붙잡고 연설함으로써 실의에 빠진 국민에게 활기를 불어넣어 주는 경우가 얼마나 많은가? 그런 게 바로 리더십이며, 코뿔소가 하는 일이다.

그러나 대부분 사람은 평범하며, 그래서 승리하지 못한다. 그들은 평범한 노력으로 평범한 결과를 얻으며, 대개 그런 결과에 만족해한다. 이 책에서는 그런 사람들을 '젖소'라 부른다. 젖소는 평범하며 늘 고개 숙인 채 되새김질을 하고 초원을 서성거리면서 평범한 삶을 산다.

회사 설립 초기에 나는 자신이 하는 일에 대해 나만큼 집중하고 에너지를 쏟는 사람들과 함께해야겠다고 마음먹었다. 코뿔소들과 함께 달리고 싶었던 것이다. 우리는 회사 안에서 젖소들이 한가로이 풀 뜯는 걸 허용치 않으며, 그래서 우리 팀에서 일하게 될 모든 사람에게 입사 후 90일째 되는 날 이 책을 읽게 한다. 그들이 우리가 추구하는 문화를 제대로 이해하길 바라며, 또 자신들이 어떤 사람들과 함께 달리게 될지 알 수 있길 바란다.

솔직히 말하겠다. 이 책은 사실 우스꽝스럽다. 심지어 조금 유치하기까지 하다. 저자인 스콧 알렉산더는 내 친구이기도 한데, 장담하건대 그도 우스꽝스럽다는 걸 잘 안다. 상관없다. 어차피 무슨 경영학 석사 과정의 교재가 아니니까. 당신에게 용기를 주고 동기를 유발하는 게 목적인 재미있는 책이니까. 당신에게 코뿔소에 대해 제대로 알게 해 주고 당신 주변에 우글거리는 젖소들을 쫓아내는 게 이 책의 목적이다.

'코뿔소'는 우리 회사에서 너무도 자주 쓰이는 말 중 하나이다. 그리고 우리는 모두 함께 달리고 있어서, '코뿔소'라는 말에 담긴 의미를 너무도 잘 안다. 내가 『무소의 뿔처럼 당당하게 나아가라』를 읽고 우리 팀원과 공유하고 있듯, 당신 역시 이 책을 읽고 당신 자신의 팀원과 공유하길 바란다.

- 데이브 램지

들어가며

:

감히 모험에 나설 엄두도 못 낼 만큼 깊숙한 정글 속 어딘가에 '성공'이란 이름의 야생 동물이 살고 있다. 워낙 드물어 많은 사람이 탐내지만, 직접 잡으려고 위험을 무릅쓰고 그 뒤를 쫓는 사람은 별로 없다. 이러한 사냥은 시간도 오래 걸리고 힘들고 위험하다. 그 과정에 당신의 심장과 영혼을 찢어 놓을 만큼 고통스럽고 힘겨운 역경도 많다. 정글의 덤불들은 그야말로 난공불락의 장애물들로, 통과하기가 하늘의 별 따기다. 온갖 벌레들이 구멍이 뻥뻥 뚫릴 정도로 끊임없이 피부를 물어댄다. 독사와 악어 그리고 다른 위험한 동물들이 생명을 위협한다. 끊임없이 이글거리는 태양은 끈질기게 당신을 괴롭혀댄다. 그리고 밤이 온다. 밤에는 기온이 거의 영하로 뚝 떨어지고, 피부에 이미 벌건 물집이 생겼음에도 불구하고 당신은 이글거리는 태양을 그리워하게 된다.

때론 너무 지쳐 몸이 까부라지고 어지럽다. 성공은 잡을 수 없는 상상 속의 동물처럼 여겨지기도 한다. 그러나 당신은 포기하지 않는다. 이제는 정글 속 너무 깊은 곳까지 들어와, 뭔가를 손에 넣지 못하고는 돌아설 수 없기 때문이다.

몇 달이 흘러간다. 아니 어쩌면 몇 년이. 그런데도 아직 성공의 흔적조차 찾지 못한다. 성공은 아주 영리한 동물이라, 좀체 그 모습을 드러내지도 않고, 붙잡힐 것 같은 낌새만 있으면 잽싸게 달아난다. 성공은 너무 드물고 너무 특별하고 너무 힘겨운 존재여서, 어떻게든 손에 넣어야 한다. 찾아내고 잡는 데 그렇게 많은 기술을 필요로 하는 동물도 없다.

성공은 희귀한 동물이지만, 그걸 잡겠다고 원정에 나서는 사람들은 훨씬 더 희귀하다. 그리고 당신과 나는 어떻게든 성공을 손에 넣어야 하는 사람 중 일부다. 그 보상은 엄청나다. 우리는 그걸 잘 안다. 성공을 사냥하는 일이 힘들다는 걸 인정한다. 승산이 거의 없다는 것도 안다. 그간 많은 사람이 실패해서 원정길에 오르는 사람들이 거의 없다는 것도 안다. 그러나 그 모든 걸 알기 때문에, 성공이 우리 것이라는 걸 안다.

성공은 쉽지 않다. 정말 잡기 힘든 동물이다. 그걸 잡으려면 사냥꾼은 정말 큰 노력을 기울여야 하고 순간순간 판단이 빨라야 하며 욕망과 끈기도 있어야 한다. 이 책은 성공을 사냥하러 나서는 당신을 위한 생존 안내서이자 가장 멋진 사냥을 위한 '코뿔소 설명서'다. 이 책을 통해 당신은 더 큰 성공을 더 빨리 손에 넣을 수 있을 뿐 아니라, 정글을 헤치고 나아가 더없이 멋진 시간을 보내게 될 것이다. 자 가자! 지금이야말로 성공을 잡기 좋은 때다!

차례

01

RHINOCEROS
SUCCESS

일단 일어나라!
그리고 돌진하라!

성공하는 비결은 당연히 코뿔소가 되는 것이다. 나의 바람은 당신이 내일 아침 눈을 떴을 때 몸무게가 3톤 가까이 되는 다 자란 코뿔소가 되어 있는 것이다. 침대에 누워 있는 당신을 본 순간 당신 배우자의 표정을 상상해 보라. 코뿔소가 된다는 건 얼마나 재밌는 일인가!

사실 정말 재밌는 일은 주중은 물론이고 주말까지 아침에 아 주 일찍 일어나는 것이다. 이제 단 몇 분이라도 늦잠을 자지 마라. 왜? 당신은 이제 코뿔소니까! 그 생각을 머릿속에 조금이라도 더 빨리 집어넣을수록, 그만큼 더 빨리 코뿔소 삶을 살게 되고 더 많은 걸 갖게 된다. 아침 6시에 '기회 시계'가 따르릉 하고 울리면, 바로 침대에서 뛰쳐나와라. 나무늘보가 아닌 코 뿔소처럼! 잽싸게 샤워를 하고 코뿔소 뿔들을 닦고 코뿔소 옷 을 입고 준비하라! 앞으로 돌진할 준비를!

잽싸게 샤워를 하고 코뿔소 뿔들을 닦고 코뿔소 옷을 입고
준비하라! 앞으로 돌진할 준비를!

미친 듯이 돌진하라

:

코뿔소로 살아갈 당신이 하루 중에 제일 먼저 해야 할 일은 돌
진하는 것이다. 아마 찾아보면 뭔가 돌진할 곳이 있을 것이다.
당신은 이제 뭔가 목표들을 세워 코뿔소로 살아가는 삶에 의
미를 보탤 수 있어야 한다. 만일 그간 매일 아침 일어나 하루
종일 일하러 간 게 순전히 저녁에 먹을 덤불 유카를 사고 월세
를 내기 위해서였다면, 이제 악에 받칠 때도 됐다. 이제 역겨울
때도 됐다. 그리고 이렇게 말할 때도 됐다. "난 그간 지겨울 만
큼 매일매일 초원에서 한가로이 풀이나 뜯는 젖소로 지내왔어.
이제 아무것도 안 하고, 아무것도 안 보고, 아무것도 이루지 않
으며 사는 삶에 질렸어. 난 오늘 아침 코뿔소로 잠이 깼어. 난
이제 안전하게 현실에 안주하며 사는 초원 속 젖소의 삶을 버
리고 모험과 짜릿함을 즐기는 정글 속 코뿔소의 삶을 살 거야.
난 이제 풍요로운 코뿔소가 될 거야!"

미쳐라!

감히 그 누가 짜증과 역겨움, 분노에 가득 찬 몸무게 3톤짜리 코뿔소에 맞서려 하겠는가? 당신은 원하는 걸 얻게 될 것이다. 그저 그걸 향해 돌진하라! 그리고 맹세하라. 절대 초원으로 되돌아가지 않을 거라고! 게을러터진 젖소는 잊어라. 밖으로 나가서 새로운 코뿔소를 친구로 만나라.

돌진하라!

내가 가진 모든 걸 쏟아부어라

:

대범하게 돌진하라. 그러면 큰 성공을 거두게 될 것이다. 코뿔소가 대범하게 돌진하지 않는다면, 대체 누가 대범하게 돌진하겠는가? 코뿔소가 된 당신은 이제 성공을 보장받은 거나 다름없다. 뭔가에 도전할 때는 절대 소심한 프레리도그(북미 대초원에 사는 다람쥣과 동물 - 역자 주)처럼 행동하지 마라. 아주 작은 위험의 징조만 보여도 언제든 다시 자기 굴속으로 뛰쳐 들어가는 프레리도그처럼 말이다. 그보다는 이렇게 말하라. "빌어먹을 어뢰들!" 그러면서 당신이 가진 모든 걸 쏟아부어라. 절대 머릿속에 실패의 가능성 같은 건 떠올리지 마라.

당신이 하는 모든 일에 당신이 가진 모든 것을 쏟아부어라. 일단 움직이고 질문은 나중에 하라. 당신은 코뿔소다! 당신이 대들지 못할 것은 아무것도 없다. 당신은 모든 걸 할 수 있다. 그러니 대범하게 하라! 아침에 침대에서 뛰쳐나가 밤에 다시 침대로 들어가는 그 순간까지, 대범하게 돌진하라. 당신에겐 모든 일이 '모 아니면 도'다. 당신은 전속력으로 앞만 보고 돌진하는 코뿔소다.

역경으로 다듬어진 코뿔소

:

당신은 늘 '빌어먹을 어뢰'처럼 돌진하다가 가끔 어뢰를 한두 방 맞는다. 하지만 걱정하지 마라. 당신은 코뿔소다! 코뿔소 피부는 두께가 5센티미터나 되기 때문에 어뢰를 맞아봐야 별 느낌도 없다. 어쩌다 한 번씩은 숨이 콱 막힐 정도로 아프겠지만, 바로 네 발로 딛고 일어나 다시 또 미친 듯이 돌진할 수 있다.

그렇다. 당신은 코뿔소고 그 어떤 역경이든 다 헤쳐 나갈 수 있다. 심지어 두들겨 맞는 걸 즐기기까지 한다. 역경은 자신을 더 강하게 만들어 준다는 사실을 잘 알기 때문이다. 코뿔소로서 성공을 거두면 거둘수록 날아오는 어뢰는 더 커질 것이다. 그래도 상관없다. 당신은 두꺼운 피부를 가지고 미친 듯이 돌진하는 코뿔소이며, 결국 어뢰들은 다 떨어지게 될 것이다. 당신이 한가하게 풀을 뜯던 초원의 젖소로 되돌아가는 일은 절대 없을 것이다.

그러니 계속 돌진하라!

성공한 사람들은 한결같이 코뿔소였다

:

코뿔소의 성공 비결을 발견하기 전까지만 해도 나는 혼란스러웠었다. 내 책장 속에는 성공의 비결을 알려 준다는 책들이 꽉차 있었고 지금도 여전하다. 어떤 책은 성공하는 비결이 자신의 목표를 쭉 적는 것이라고 했다. 어떤 책은 성공하는 비결이 성공한 사람에게 어울리는 옷을 입는 것이라고 했다. 또 어떤책은 친구를 만들고 다른 이에게 영향을 주라고 했다. 그리고또 어떤 책은 음주 같은 나쁜 습관을 버리라고 했다.

나는 그 모든 걸 다 해 봤지만 아무 효과도 없었다. 그러다가 서른 살의 백만장자를 위해 일하게 됐는데, 그는 자기 목표들을 종이에 적지도 않았고 옷차림도 성공한 사람에게 어울리긴커녕 덩치 큰 아이가 허접한 옷을 걸친 듯했다. 그는 또 내가봐온 그 누구보다 입이 걸었고 술도 마셨다. 그런데 그가 어떤사람이었는지 아는가? 끊임없이 돌진하는 코뿔소였다!

그에게서 그런 특징을 발견하고 나서 나는 성공한 사람들을

만날 때마다 어김없이 그런 특징을 발견했다. 그래서 이제 확
신한다. 당신이 코뿔소라면 성공은 떼어 놓은 당상이다.

그러니 돌진하라!

단 한 가지 목적을 가지고 돌진하라

:

코뿔소는 단 한 가지 목적을 가지고 돌진한다. 불타는 욕망을 충족시킬 수 있는 곳으로 모든 에너지가 집중된다. 이때가 아주 위험한데, 그것은 일단 무언가를 향해 돌진하기로 하면 모든 관심이 그 목표물에만 집중되기 때문이다. 그리고 절대 한 번에 두 가지를 향해 돌진할 수 없다. 그러니까 먼저 한 가지 목표물을 손에 넣는 데 집중하고, 그 뒤 다음 목표물에 관심을 집중해야 한다.

한꺼번에 여러 가지 일을 하려 하지 마라.

돋보기는 일정 시간 계속해서 초점을 한 점에 맞추지 않으면 불을 일으키지 못한다. 초점을 이 점에서 저 점으로 계속 옮긴다면, 불을 일으키기는커녕 열도 내지 못한다.

이 같은 돋보기 원리를 이해했다면 그걸 당신의 일상생활에 적용하도록 하라. 불길이 언제 일어날지 그건 전혀 알 수 없으니, 그 어떤 어려움이 있든 질주는 계속하도록 하라. 불길은 내일 일어날 수 있고 다음 달에 일어날 수도 있지만, 당신은 모든 에너지를 집중하면 결국에는 활활 불길이 일어난다는 걸 안다. 그리고 나서 다음 불을 일으키도록 하라.

기회를 향해 오감을 집중하라

:

당신은 코뿔소이며, 늘 경계를 늦추지 않는다. 정글 안에서는 늘 긴장해야 한다. 정글 안에서 젖소와 양을 볼 수 없는 이유는 무엇일까? 젖소와 양은 정글 안에서 살아남을 수 없기 때문이다.

당신의 예리한 눈은 사소한 것 하나 놓치지 않고, 귀는 아주 작은 소리도 놓치지 않으려고 레이더처럼 주변을 샅샅이 훑는다. 땅바닥을 디디고 선 예민한 네 발로 진동을 느끼며, 코로는 그 어떤 낯선 냄새도 잡아낸다. 그야말로 몸의 모든 감각을 총동원하여 돌진할 목표물을 찾는 것이다. 당신은 언제든 당기기만 하면 격발될 방아쇠나 다름없다.

기회를 향해 돌진하라

:

잠깐! 이게 무슨 냄새지? 냄새를 맡은 당신의 육중한 몸이 바짝 긴장하며 언제든 튀어 나갈 준비를 한다. 그러면서 냄새나는 쪽으로 그 큰 머리를 천천히 돌린다. 두 눈은 기회가 될만한 것을 찾아 두리번거린다. 두 귀는 덤불 속에서 나는 부스럭 소리를 잡아낸다. 낯선 냄새가 콧구멍을 간지럽힌다. 당신은 그야말로 폭발 직전이다. 이건 기회인가 아니면 어뢰인가? 당신의 두 눈은 깜빡거리지도 않고 정면만 응시한다. 당신의 머리는 흥분으로 터져나갈 지경이고, 두 다리 근육들은 주체 못 할 에너지로 씰룩댄다.

순간 당신의 두 눈에 뭔가가 보인다! 기회다! 놈도 당신을 본다. 그리고 당신과 그놈이 동시에 쏜살같이 정글 속을 내달리기 시작한다. 당신은 전속력으로 기회를 향해 돌진한다. 몸무게가 3톤이나 되는 거대한 코뿔소가 거센 콧김을 내뿜으며 앞을 가로막는 장애물을 모조리 짓뭉개며 달린다. 나무와 식물들이 피부에 와 박히지만, 당신은 그걸 느끼지 못한다. 기회가 저 눈앞에 있고 이제 곧 그걸 잡게 될 테니까. 힘들고 긴 추적이 되겠지만 좋은 기회다.

당신은 지치기 시작한다. 놈이 당신 손에서 벗어나게 될까? "빌어먹을!" 당신이 외친다. "난 코뿔소야!"

속에서 새로운 힘이 솟아오르며 당신의 코뿔소 눈은 이글이글 타오르고, 콧구멍에서 뿜어져 나오는 숨결이 차가운 아침 정글 공기에 닿아 모락모락 김으로 변한다. 당신은 단 한 순간도 속도를 늦추지 않고 정글과 강, 산을 내달린다.

그러다 드디어 놈을 따라잡는다! 기회는 이미 지쳤고, 당신은 놈을 들이받는다. 놈을 죽인 뒤 잠시 숨을 돌린다. 당신의 거대한 폐는 들썩거리고 두 다리는 무너져 내릴 듯하고 피부는 멍들고 찢어져 피가 흐른다. 그러면서 승리의 황홀감을 즐긴다.

무한동력의 탄생, 그리고 돌진

:

현실에 안주하며 아무것도 안 하던 게으른 젖소를 전력 질주하게끔 에너지 넘치고 강력한 코뿔소로 변화시킨 정확한 원인은 무엇일까? 이런 변화에는 분명 원인이 있을 것이다. 우리가 따로 뽑아내고 분석해 도움이 되는 쪽으로 활용할 수 있는 그 어떤 원인 말이다. 때론 극복 불가능해 보이는 어려움에도 불구하고 대체 무엇이 코뿔소를 내달리게 만드는 것일까? 대체 무엇이 코뿔소를 계속 돌진하게 만드는 것일까? 코뿔소는 왜 젖소처럼 조용한 초원에서 편히 지내지 않고 정글 속에서 계속 그 난리를 치는 것일까? 대체 무엇이 코뿔소를 그렇게 내모는 것일까? 젖소라면 알 리 없는 무언가가 매일 코뿔소에게 계속 돌진하는 힘을 제공하는 것이다. 아마도 그 힘은 코뿔소 안에서 만들어지는 듯하다. 그 힘은 절대 없어질 줄 모른다. 대체 무엇이 그렇게 엄청난 동기를 유발하는 것일까?

당신은 코뿔소다. 잘 생각해 보라! 코뿔소이기 때문에 늘 뭔가를 뒤쫓는다. 젖소는 무얼 뒤쫓는가? 별로 뒤쫓는 게 없는 듯하다. 그런데 왜 젖소는 코뿔소처럼 뭔가를 뒤쫓지 않는가? 젖소도 뇌가 있다. 젖소도 돌아다닐 수 있는 네 다리가 있다. 젖소도 코뿔소처럼 귀가 있고 눈이 있고 뿔도 있다. 그렇다면 젖소는 삶에서 그 어떤 가능성도 찾지 못하는 걸까? 자신을 기다리고 있는 그 모든 것들을 감지하지 못하는 걸까? 세상엔 할 일이 많고 경험해야 할 것도 많으며 가봐야 할 장소도 많다는 걸 모르는 걸까? 젖소는 모르는 그 모든 것들을 코뿔소는 대체 어떻게 아는 걸까?

당신은 몸무게가 3톤이나 되는 거대한 코뿔소다. 거센 콧김을 내뿜으며 앞을 가로막는 장애물을 모조리 짓뭉개며 기회를 향해 돌진한다.

이 일단 일어나라! 그리고 돌진하라!

성공은 코뿔소의 몫

:

젖소는 자신이 뭔가를 이룰 수 있다는 걸 믿지 않는다. 그래서 아예 시도조차 하지 않는다. 심지어 전력 질주도 한 번 해 보지 않는다. 온갖 기회들이 자신을 스쳐 지나가는 걸 그저 지켜만 볼 뿐, 성공은 몇 안 되는 코뿔소들의 몫이라고 믿는 것이다.

그러면서 말한다. "우리는 젖소야. 우리는 전력 질주할 수 없어. 그런 시도는 할 필요도 없어."

젖소들은 스스로 현실적이라고 말할 것이다. 그러나 우리는 진실을 안다. 그들은 그냥 무지하고 게으른 것이거나, 아니면 자신의 실패를 합리화하려는 것이다.

코뿔소는 뭐가 그리 즐거울까?

:

성공은 우물쭈물하지 않고 바로 목표를 향해 돌진하는 사람의 것이다. 당신은 자신이 무얼 원하든 그걸 손에 넣으려 노력할 수 있고, 그러면 성공할 가능성이 아주 크다는 걸 안다. 성공이 자신의 것이 되는 상상을 하면 성공을 손에 넣는 승리의 기쁨을 맛볼 수 있다. 당신을 내달리게 하는 건 당신의 믿음이다. 날아오는 어뢰들을 무릅쓰고 앞을 향해 전력 질주할 수 있는 열정을 불어넣어 주는 것도 당신의 믿음이다.

열정은 세포를 자극해 살아 움직이게 만든다. 열정은 매일 아침 일찍 침대에서 힘차게 뛰쳐나오게 만든다. 당신은 늘 전력 질주하는 코뿔소다. 당신에겐 무엇이든 다 할 수 있다는 믿음이 있고, 그 덕에 당신 속에 늘 차고 넘칠 만큼 많은 열정이 솟아난다. 그리고 그 열정 덕에 코뿔소로 사는 것은 즐거운 일이 된다.

열정, 인생의 엔도르핀

:

코뿔소는 늘 삶에 대한 열정이 있다. 또한 삶을 워낙 즐기기 때문에 약물이나 알코올에 중독되는 경우가 거의 없다. 자기 속에서 자연스레 자극제 같은 게 만들어지기 때문에 별도의 자극제가 필요 없다.

연구 결과도 이를 뒷받침한다. 생화학자들이 뇌에서 모르핀 같은 물질인 엔도르핀이 분비된다는 걸 발견한 것이다. 인류학자 라이오넬 타이거Lionel Tiger는 이렇게 자연적으로 생기는 마취제가 통증을 완화해 줄 뿐 아니라 즐거움에 대한 인식도 확장해 주는 것 같다고 말한다. 과학자는 조깅을 하면 엔도르핀 분비가 촉진된다는 사실을 발견했는데, 전력 질주하는 코뿔소의 삶이 늘 낙관적인 것도 이 때문이다. 코뿔소의 뇌 속에는 늘 말 그대로 항우울제가 넘쳐 나고 있으니 말이다.

그러니 늘 믿도록 하라. 앞을 향해 돌진하도록 하라. 자신이 목표를 달성하는 걸 상상해 보라. 당신은 해낼 수 있으리라는 걸 안다. 당신은 코뿔소이니까! 열정 덕에 당신은 늘 앞을 향해 돌진하게 될 것이다.

돌진! 돌진! 돌진!

열정이 식어갈 때 당신은 무슨 일이 일어났는지 안다. 믿음이 식은 것이다. 늘 자신을 믿도록 하라. 그래야 한다. 그 누구도 당신 대신 믿어 줄 수 없다. 믿음은 자신 속에서 나온다. 믿어라. 그러면 성공할 것이다!

02

RHINOCEROS
SUCCESS

코뿔소 훈련

나는 건강한 코뿔소 정신을 유지하는 데 필요한 연습과 습관들을 알아냈다. 이 장에서는 연습과 습관에 관한 이야기를 할 것이다. 터놓고 이야기하자. 당신이 태어날 때부터 코뿔소가 아니었다면, 젖소와 양들의 세계에서 코뿔소로 살아가는 게 힘겨울 때가 많을 것이다. 당신은 단 하루 동안 코뿔소로 사는 걸 원치 않을 것이다. 당신은 아예 다시 태어나고 싶을 것이다. 그런데 이번엔 젖소나 양이 아닌 코뿔소로!

모든 건 당신 마음먹기에 달렸다

:

코뿔소로 살아가기 위해 가장 중요한 것은 당신의 마음가짐이다. 진정 코뿔소가 되길 원치 않는다면, 코뿔소처럼 전력 질주하진 못할 것이다. 아주 간절히 코뿔소가 되길 원해야 한다. 피부가 점점 두꺼워지는 듯한 느낌이 들 정도로 간절히 말이다. 그리하여 정말 몸무게가 1톤 가까이 늘고 숨을 내쉬면 강렬하고 뜨거운 입내가 나는 것처럼 느껴질 정도가 됐다고 맹세할수 있어야 한다. 그리고 무엇보다 먼저 충족되지 않는 질주 욕구가 생겨날 것이다.

당신은 에너지 덩어리다. 당신 몸속의 모든 근육이 흥분으로 씰룩거린다. 당신은 무언가를 뒤쫓고 있다. 당신은 밖으로 나가 그 무언가를 향해 달려가기 전까지는 계속 질주 본능을 느낀다. 그리고 또 정맥을 따라 흐르는 엄청난 힘 때문에 폭발 직전이다.

당신 속에는 나이아가라 폭포 같은 에너지가 들어 있다. 그 에너지면 아마 로스앤젤레스 전체를 밝히고도 남을 것이다. 당신은 언제든 투하되기만 기다리고 있는 원자 폭탄이다. 사소한 일들에 그 에너지를 낭비하지 마라. 그 누구도 또 그 무엇도 당신의 그 에너지를 고갈시키게 하지 마라. 당신의 시간을 쏟을 가치가 있는 무언가를 뒤쫓도록 하라. 크게 생각하라! 코뿔소는 산토끼를 향해 돌진하진 않는다. 원자 폭탄은 미국 독립기념일 불꽃놀이에 사용되진 않는다. 나이아가라 폭포 같은 에너지는 샤워하는 데 사용되진 않는다.

코뿔소의 덩치에 맞는 목표를 추구하라. 당신의 잠재력에 맞는 목표를 추구하라. 당신 자신을 과소평가하지 마라. 로버트 슐러Robert Schuller 목사가 한 말을 잊지 마라. "아무것도 시도하지 않고 성공하는 것보다는 뭔가 위대한 걸 시도했다 실패하는 게 낫다." 당신은 힘이 넘치는 코뿔소다. 가장 위대한 목표를 뒤쫓아라!

당신 자신이 코뿔소라는 걸 널리 알려라

:

다른 뭔가를 하기 전에 잠시 이 책을 내려놓고 가로, 세로가 약 7.5센티미터, 10센티미터 정도 되는 색인 카드들과 펜을 준비하라. 진정한 코뿔소라면 바로 서랍 쪽으로 달려가 그것들을 가져온다. 색인 카드가 없다면, 종이로 만들어라. 이제 첫 번째 카드에 다음과 같이 써라.

나는 코뿔소다! 나는 빌어먹을 야뢰 같은 정신을 갖고 있다. 나는 에너지가 차고 넘치며, 그래서 아침에 조금이라도 빨리 일어나 내달리고 싶어 미치겠다.

두 번째 카드에는 당신이 추구하고 있는 목표를 달성했음을 알리는 글을 써라. 그리고 그런 일이 실제 일어났으면 하는 날짜도 적어라. 예를 들어 코뿔소들을 가르치는 탭댄스 학교를 세우고 싶었다면 이렇게 적는 것이다.

나는 코뿔소들을 위한 탭댄스 학교의 소유주가 되는 데 성공했다. 이 학교는 2025년 7월에 문을 열 것이다.

설사 이미 목표를 달성했다 해도 그런 사실을 그대로 적는 게 중요하다.

다음에는 이 카드 두 장을 당신의 침대 머리맡 근처에 두어라. 그리고 밤에 잠자리에 들 때 큰 소리로 카드에 적은 글들을 읽어라. 아침에 잠에서 깼을 때도 제일 먼저 이 글들을 읽어라. 읽을 때는 글 속에 감정과 믿음을 담아 읽어라. 어떤 감정은 말처럼 빨리 느껴지지 않을 것이다. 처음에는 아침에 조금이라도 빨리 일어나고 싶어 미치겠다는 감정을 억지로 느끼는 척해야 할 수도 있다. 중요한 건 카드에 적은 글을 읽는 게 습관이 되어야 한다는 것이다. 예를 들어 1주일간 카드 읽는 걸 빼먹은 뒤 한번에 몰아 7번 읽는 건 안 된다. 매일 아침과 매일 밤에 딱 한 번씩 읽어라. 이 규칙을 충실히 따른다면, 당신은 21일째 되는 날 정말 코뿔소가 되어 있을 것이다!

행동하도록 하라

:

매일 매일 말을 통해 이렇게 확인을 하는 것도 행동이 따르지 않는다면 그야말로 아무 소용도 없다. 당신 자신이 코뿔소라고 말하면서 실제 코뿔소처럼 행동하도록 하라! 행동 없이 계속 말로만 확인하는 것은 자신을 속이는 짓이다. 움직이는 습관을 들여라. 당신의 목표들을 이루기 위해 행동에 옮기는 걸 습관화하라. 그러니까 자신에게 아침에 조금이라도 빨리 일어나 내달리고 싶어 미치겠다고 말한 뒤, 실제 아침이 오면 침대에서 뛰쳐나가 내달리기 시작하는 것이다!

스스로 코뿔소라는 사실을 끊임없이 떠올려라

:

또 다른 좋은 아이디어는 코뿔소 사진들을 구해 집에 걸어 놓고, 당신 자신이 자랑스런 코뿔소라는 사실을 늘 상기토록 하는 것이다. 아마 욕실에 걸어 두는 게 제일 좋을 것이다. 그러면 욕실 안에서 시간을 보내며 뭔가 생각할 여지가 생길 것이다.

가족 앨범을 새로 만들도록 하라. 코뿔소 가족 사진을 구해, 그게 당신 가족이라고 주장하라. 만일 전력 질주하는 코뿔소 포스터를 구할 수 있다면 그야말로 최고다! 그걸 액자에 넣어 거실 벽에 걸어놓도록 하라. 또한 코뿔소들이 질주하는 그림이 새겨진 나무 조각 같은 걸 구해 보라. 그러면 당신 자신이 힘차게 질주하는 코뿔소라는 사실을 끊임없이 상기하게 될 것이다.

그리고 이 책을 종종 다시 읽어라. 나는 떠벌리는 걸 아주 싫어하지만, 이 책이야말로 코뿔소가 되는 법을 가르쳐주는 최고의 책이라고 믿는다.

코뿔소 정신을 유지하라

:

당신은 막 침대를 박차고 뛰어나왔다. 샤워하고 옷을 입은 뒤 이제 뜨거운 흙탕물 한 컵을 즐긴다. 그리고 〈애니멀 데일리 Animal Daily〉지를 집어 들어 1면을 훑어본다.

> 달러 가치가 다시 최저치를 경신했고…… 올여름엔 물 부족이 예상 되며…… 버스 사고로 코뿔소 40마리가 죽었다.

텔레비전은 꺼라. 보나 마나 버스 사고 소식이 나올 것이다.

그런 소식이 하루 종일 내달릴 수 있는 당신에게 어떤 영향을 줄 것 같은가? 십중팔구 당신의 열정을 식게 할 것이다. 안 그런가? 무엇 때문에 스스로 그런 부정적인 자극을 받아야 하는가? 당신의 피부는 아주 두껍고, 지금 누군가 당신을 향해 어뢰를 겨누고 있는 것도 아니지 않은가?

코뿔소는 텔레비전 보는 습관을 들이지 않는다. 또한 아침을 전국에서 일어난 범죄 기사를 읽는 데 보내지도 않는다. 그렇게 부정적인 삶에 대해선 저 초원에 있는 젖소나 걱정하게 하라. 부정적인 일들을 무시해선 안 되겠지만, 그런 것들에 빠져 있지도 마라. 더없이 아름다운 정원에서도 잡초가 자라듯, 삶에는 늘 부정적인 일이 있기 마련이다. 정원이 잡초로 뒤덮이지 않게 조심하라.

부정적인 자극을 피하고 삶의 긍정적인 측면이나 교육적인 측면을 강조하는 책 또는 잡지들을 읽어라. 우리는 결국 다음 세 가지에 의해 결정된다. 우리가 어울리는 사람과 우리가 읽는 책, 우리가 듣는 미디어가 그것이다.

친구를 보는 순간 당신이 보인다

:

코뿔소와 함께 돌진하고, 독수리와 함께 날고, 치타와 함께 내달리고, 사자와 함께 먹어라. 젖소나 양과 어울리지 마라. 젖소나 양은 당신을 끌어내린다. 당신은 코뿔소다! 행동하는 동물과 성취하는 동물, 활기 넘치는 동물, 긍정적인 마음가짐을 가진 동물과 어울려라. 그러면 늘 에너지가 충만한 코뿔소가 될 것이다. 잠자는 젖소와 나무늘보, 당나귀와 어울리면 현실에 안주하면서 성공하지 못하게 된다.

코뿔소와 함께 돌진하고, 독수리와 함께 날고, 치타와
함께 달리고, 사자와 함께 먹어라.

아는 것을 실천하는 지혜
:

마음에 어떤 걸 먹이느냐에 따라 몸은 달라진다. 삼시세끼 먼지나 쓰레기를 먹는다면 몸은 먼지나 쓰레기 같아진다. 마음도 마찬가지다. 쓰레기를 먹이면 쓰레기가 된다. 절대 아무거나 읽지 마라. 늘 이렇게 자문해 보라. '이 책에 있는 정보들이 내 목표들을 달성하는 데 도움이 될까?'

그렇지 않다면, 무엇 때문에 시간 낭비를 할 것인가? 긍정적인 자극을 주는 코뿔소 책을 읽어라. 세상에서 가장 부유한 코뿔소가 자신이 부유해진 비결을 알려주기 위해 쓴 책이 있다는 걸 아는가? 게으른 젖소는 그런 책을 읽지 않는다. 얼마든지 읽을 수 있는데도 말이다.

'다른 동물의 경험'을 활용하는 법을 배워라. 오늘날 성공을 추구하는 사람은 성공하는 게 더 쉽다. 지금은 도움받을 방법이 워낙 많기 때문이다. 자신의 '성공 도서관'을 만들기 시작하라. 독서를 통해 도움이 될 만한 아이디어를 수집하라. 그러면 계속 내달릴 수 있는 기분을 유지할 수 있다.

이런저런 강좌를 들을 시간이 없고 그럴 의사가 없다 해도 상관없다. 상상할 수 있는 모든 주제를 다루는 CD도 있고 인터넷 사이트도 있다. 컴퓨터를 통해 대학을 다닐 수도 있지만, 짐 론Jim Rohn의 다음과 같은 조언을 귀담아들어라. "배운 것들이 지식에만 머물러 있게 하지 마라. 배운 것들이 행동으로 이어지게 하라."

돌진하라!

계획 없이는 성공도 없다

:

대체 코뿔소는 어떻게 자신이 원하는 모든 걸 손에 넣을까? 어떻게 하길래 다른 사람은 꿈만 꾸는 부富를 손에 넣을 수 있고, 가장 흥분되고 가장 모험적이며 가장 만족스러운 삶을 살 수 있을까? 그러려면 계획을 짜라! 무엇이든 계획하는 건 손에 넣을 가능성이 아주 크다. 그러나 아무 계획이 없다면 그 무엇도 손에 넣지 못하고 빈털터리가 될 것이다.

부유한 코뿔소가 되려는 계획을 짜라. 계획을 짜고 돌진하라. 그러면 부유한 코뿔소가 충분히 될 수 있다. 꿈은 늘 이루어지는 게 아니지만, 행동이 따르는 계획은 반드시 그 결실을 본다. 당신의 꿈을 계획하고, 그 계획을 행동에 옮겨라. 그러면 꿈이 실현될 가능성이 크다.

정말 놀라운 일이지만 부라는 것이 어찌 된 게 불가사의하게도 꼭 부자에게만 돌아간다고 생각하는 젖소가 있다. 그러나 부유한 코뿔소는 부유해질 계획을 짜기 때문에 부유해진다. 부유해질 계획을 짜고 그 계획대로 따르기만 한다면, 틀림없이 부유해진다. 그러나 계획 그 자체만으로는 아무 소용이 없다. 바로 그 때문에 코뿔소라는 사실이 좋은 것이다. 코뿔소는 단순히 계획만 짜는 게 아니라, 그 계획을 향해 돌진하니까!

돌진하고 또 돌진하라!

인생이 항상 마음먹은 대로 되지는 않는다

:

당신이 계획한 일들은 결코 정확히 예상한 대로 돌아가진 않는다. 변경해야 할 경우가 많을 것이다. 계획한 대로 되지 않는 것 같더라도 포기하지 마라. 당신은 코뿔소다. 당신의 끈기와 두께 5센티미터나 되는 피부를 잊지 마라. 새로 계획을 짜라. 그리고 계속 돌진하라!

한 번에 너무 많은 계획을 짜진 마라. 돋보기 원리를 떠올려라. 코뿔소는 단 한 가지 목적을 가지고 내달린다. 계획을 짤 때 돌진할 목표를 너무 많이 잡으면 도무지 감당할 수 없게 될 뿐 아니라, 열의마저 꺾일 수 있다. 그러니 돌격 계획을 짜고 그 계획대로 돌격하라!

당신의 목표는 무엇인가?

:

목표를 정하는 것은 계획의 일부다. 그리고 계획은 늘 그 목표를 달성할 수 있게 해 주는 것이어야 한다. 목표야말로 성공의 필수 요소인 것이다. 코뿔소는 목표 덕에 성공한다. 코뿔소들은 다른 동물은 흉내도 낼 수 없을 만큼 맹렬한 기세로 목표를 향해 돌진한다. 살고 싶은 대로 삶을 설계하라.

- 장기 목표를 세워라. 앞으로 어떤 사람이 되고 싶고 또 어떤 걸 하고 싶은가?
- 중간 목표를 세워라. 앞으로 5년에서 10년 후에 어떤 일을 하고 있을 것인가?
- 마지막으로 단기 목표를 세워라. 이번 주나 이번 달에 무엇을 이룰 것인가?

천릿길도 한 걸음부터 시작된다. 일단 한 걸음을 내디뎌라!

세상에 공짜는 없다

:

지금 우리 모두가 하려는 게임의 이름은 '자유 기업'이다. 미국의 베스트셀러 작가인 마크 빅터 한센Mark Victor Hansen의 말을 인용하자면, 기업가처럼 진취적인 사람일수록 더 자유로워진다. 물론 코뿔소에게 가장 유리한 게임이다. 규칙이 있다면 단하나, 뭔가를 받으려면 주어야 한다는 것. 그야말로 뿌린 대로 거두는 것이다. 정말 간단한 게임 규칙 아닌가? 이 게임은 정말 이기기 쉬운 게임으로, 누구든 승자가 될 수 있다.

그런데 왜 모든 사람이 승자가 되지 못하는 걸까? 왜 그렇게 많은 패자가 나오는 걸까?

나는 사람들이 게임 규칙을 전혀 살펴보지 않았기 때문이라고 생각한다. 딴 건 몰라도 게임 규칙은 꼭 살펴봤어야 한다. 너무도 많은 젖소가 양손에 포수의 글로브를 낀 채 삶을 살아가려 한다. 지금 게임 규칙을 다시 적어라. 그리고 앞으로는 절대 잊지 말도록 하라.

얻기 위해선 주어야 한다!

당신이 뭔가에 더 많은 에너지를 쏟아부을수록, 그것으로부터 더 많은 걸 얻어내게 된다. 이는 친구를 만드는 것에서부터 돈을 버는 것에 이르기까지, 그리고 또 사업을 하는 것에서부터 가족을 부양하는 것에 이르기까지 그야말로 삶의 모든 측면에 적용된다. 주는 것을 멈추면 받는 것도 멈추게 된다. 삶은 강과 같다. 늘 물이 흐르게 하라. 그러면 늘 새로워질 것이고 주는 삶과 깨끗한 삶, 아름다운 삶을 살게 될 것이다. 그러나 둑을 쌓아 강을 막으면 물이 고여 썩게 된다.

주어라! 주면 열 배로 돌려받게 될 것이니, 주어라! 세상 이치가 다 그렇다! 농부는 한 줌의 씨앗을 뿌려 많은 곡물을 거둬들인다. 정말 멋진 아이디어 아닌가? 주어라! 그러면 결실을 얻게 될 것이다!

자신을 어필하라

:

자기 자신을 하나의 제품이라고 생각해야 한다. 자유 경쟁 체제에서는 자기 자신을 잘 어필해야 한다. 이웃집 사자와 친구가 되고 싶다면, 무엇보다 먼저 그 이웃에게 자신을 잘 어필해야 한다. 삶의 반려자를 찾으려 한다면 사랑하는 사람에게 자신을 잘 어필해야 한다. 취업하려면 고용주에게 당신을 잘 어필해야 한다. 자기 자신을 잘 어필할수록 더 많은 선택의 여지가 생긴다.

혹시 '슈퍼 세일즈 동물'을 만드는 것이 무엇인지 아는가? 이미 코뿔소인 당신이 가지고 있는 것이다. 코뿔소는 그 어떤 동물보다 뛰어난 세일즈 동물이다. 세상 편하지 않은가? 당신이 코뿔소이기 때문에 성공은 떼어 놓은 당상이다. 거의 불공평하다 싶을 정도다. 당신은 늘 전력 질주하며 대담하고 공격적이며 열정적이다. 그리고 그 무엇보다 자신을 믿고 자신이 하는 일을 믿는다. 이 모든 게 성공적인 세일즈 동물이 되는 데 꼭 필요한 요소다. 당신이 만일 아주 좋다고 확신할 수 없는 뭔가를 대신하여 아주 좋다고 믿을 수 있는 뭔가를 구해 오라. 그래야만 원하는 대로 쉽게 또 재미있게 팔 수 있다.

스스로 항상 소중하게 다루어라

:

당신은 세일즈 동물에 어울리게 잘 포장되어 있는가? 코뿔소라고 해서, 코뿔소 같은 냄새를 풀풀 풍겨야 한다는 건 아니다. 대체 누가 그런 냄새를 맡고 싶겠는가? 자기 자신에게 신경을 쓰도록 하라. 몸은 기업이며, 단 하나밖에 없는 재산이기도 하다. 그러니 얼마든지 시간을 내 자기 자신에게 신경을 써도 좋다. 언제 어디서고 늘 전력 질주할 수 있으려면, 뭐든 최고를 취해야 한다. 롤스로이스와 같은 고급 차량에 싸구려 기름을 넣지 마라. 가능한 한 가장 영양가 있는 음식을 먹도록 하라.

먹는 음식이 곧 자신이다

:

싱싱하고 신선하고 조리하지 않은 날것의 음식을 먹어라. 코뿔소는 타코나 치즈케이크 같은 걸 먹고살지 않는다. 설탕과 밀가루, 육류, 튀긴 음식 같은 것을 멀리하라. 이런 음식은 에너지를 주기는커녕 오히려 뺏어간다.

몸에 좋은 음식이 무언지를 배워라. 그리고 규칙적으로 운동하는 습관을 들여라. 건강한 의식이 있으면, 더 빨리 더 세게 더 오래 질주할 수 있다. 전력 질주하라!

가끔 쉬면서 다음을 기약하라

:

가끔 자신에게 휴식할 시간을 주어라. 적어도 1년에 두 번은 1주일 정도 휴가를 내 진흙 웅덩이 속에 누워라. 그리고 아무 것도 하지 말고 그냥 쉬어라. 코뿔소는 좀체 휴식을 취하는 법이 없지만, 그렇게 해 보도록 하라. 달아오른 모터를 식히면서 앞으로 6개월간 어떤 식으로 게임을 할 건지 계획을 짜라. 그러다가 1주일이 다 가면 진흙 웅덩이에서 튀어나와 또 다시 전력 질주하라!

적어도 1년에 두 번은 1주일 정도 휴가를 내 진흙 웅덩이 속
에 누워라. 그리고 아무것도 하지 말고 그냥 쉬어라.

자기 자신을 연마하라

:

자기 연마 또는 자기 수련을 하려면 사실 별로 하고 싶지 않은 일을 해야 한다. 젊은 시절에 우리는 모두 자기 연마를 한다. 우리가 지금 하는 일에 아주 노련한 이유는 그 때문이다. 자기 연마를 전혀 하지 않은 아이를 생각해 보자. 부모는 자기 자식이 원하는 건 다 주었고, 원하는 일은 뭐든 할 수 있게 해 주었으며, 그래서 그 아이는 자신이 원하는 건 뭐든 다 했다. 그래서 결국 어떤 사람이 됐는가? 지금 젖소가 되어 있다. 안 그런가? 이래서 자기 연마는 꼭 필요한 것이다. 코뿔소는 자기 연마를 거쳐 나온다.

하지만 이젠 누가 우리 코뿔소를 연마하는가? 아무도 없다. 우리는 원하는 건 뭐든 다 할 수 있지만, 사실 대부분의 다른 동물들은 할 수 있는 게 별로 없다. '엔트로피entropy'라는 과학 법칙이 있다. 세상 모든 일은 질서 정연한 상태에서 점차 무질서한 상태로 변한다. 또한 외부의 힘이 작용하지 않는 한 절대 더 질서 정연해지지 않는다는 것이다. 관성의 법칙 또한 이 법칙을 뒷받침해 준다. 관성의 법칙은 동물을 비롯한 모든 물체에 적용되는 법칙으로, 물체는 외부의 힘이 작용하지 않는 한 원래 상태 그대로를 유지하려 한다는 것이다.

그래서 바닥에 놓인 공은 스스로 바닥에서 떨어져 공중으로 날아오르지 않는다. 마찬가지로 동물 역시 외부의 힘이 작용하지 않는 한 갑자기 침대에서 일어나 전력 질주하진 않는다. 여기서 외부의 힘이란 욕구, 동기, 믿음, 자기 연마다.

코뿔소들은 자기 연마를 하기 때문에 성공한다. 다른 동물을 연마하게 하는 건 쉽지만, 스스로 연마하는 건 쉽지 않다. 뚱뚱한 동물은 자신의 식습관을 통제하지 못하기 때문에 뚱뚱한 상태를 유지한다. 담배 피우는 동물은 자신의 흡연 습관을 통제하지 못하기 때문에 계속 담배를 피운다. 젖소는 젖소가 될 수밖에 없게 만드는 나쁜 습관을 통제하지 못하기 때문에 계속 젖소일 수밖에 없다.

내 인생이 점점 가라앉지 않으려면

:

혹시 당신이 젖소라 해도 낙담하진 마라. 부패와 분해는 자연스러운 현상이다. 침식 중인 절벽이나 부식 중인 금속과 함께 젖소는 엔트로피의 대표적인 예다. 게다가 젖소는 자기 연마도 하기 어렵다. 젖소의 버릇은 여러 해에 걸쳐서 형성된다. 그러니 이제 와서 그걸 바꾸려면 보통 힘든 게 아니다. 생명력도 없는 무기력한 젖소로 존재하며 계속 부패해 가는 수밖에 없는 것이다. 그러나 코뿔소는 자기 연마 속에 번성하며, 또 코뿔소가 되려면 자기 연마가 필요하다. 그러니까 코뿔소 특유의 질주, 대담함, 끈덕짐 같은 새로운 습관들을 들이고, 미루기, 불평불만, 걱정 같은 파괴적인 옛 습관들은 버려야 한다. 자기 자신의 의지로 자신을 끝없이 내몰아, 엔트로피라는 젖소 병에서 벗어나는 것이다. 절대 엔트로피가 자신을 지배하게끔 내버려 두지 마라. 늘 엔트로피의 힘을 의식하고, 그 힘이 당신의 코뿔소 삶에 발을 디디는 걸 허용하지 마라.

나는 내 인생의 대표다

:

자기 자신을 통제하라! 당신은 3톤 가까이 나가는 육중한 몸을 연마해야 한다. 잘 연마해서 여태껏 세상에 있었던 그 어떤 코뿔소보다 더 효율적이고 인상적인 코뿔소가 돼라. 당신은 하루 24시간을 그런 연마를 하는 데 쓸 수 있다. 연마가 얼마나 잘 되고 있는지 보려면 차트와 그래프를 활용해 보라. 아주 빡세게 연마하라. 끊임없이 내달려라!

자기 자신을 상당 수준까지 연마하라. 롤스로이스 같은 몸을 삐걱거리게 내버려 두지 마라. 점화 플러그가 온통 끈적거리게 내버려 둔다거나 공기 필터가 온갖 오물로 막히게 내버려 두지 마라. 적어도 롤스로이스 같은 몸에 걸맞게 연마하라. 그 어떤 자동차에도 뒤지지 않게 하라!

혹독할 정도로 자신을 연마하라. 자기 인생의 주인은 자신이다. 최선을 다해 건강을 유지하라! 관성이나 엔트로피에 무릎 꿇는다면, 그게 누구 잘못이겠는가? 물론 당신 잘못이다!

자기 회사의 사장은 자신이다. 자기 회사인데 보다 잘 운영해야 하지 않겠는가? 자기 밴드의 리더는 자신이다. 서로 호흡을 잘 맞춰 뭔가 보여줘야 하지 않겠는가? 자기 부대의 훈련 교관은 자신이다. 부대원을 잘 훈련 시켜야 하지 않겠는가? 코뿔소들!…… 왼발, 오른발, 왼발…… 왼발, 오른발, 왼발……

힘들 때마다 코뿔소를 떠올려라

:

당신은 코뿔소다. 절대 그걸 잊지 마라. 다시 초원으로 되돌아가 되새김질하면서 조용히 도살될 날만 기다리는 젖소가 되지 않도록 조심하라. 에너지와 행동이 필요하고 그 어떤 위험이 엿보이는 상황에도 코뿔소를 생각해라! 아침에 눈뜰 때에도 코뿔소를 생각해라. 다른 코뿔소와 어울려라. 늘 대범하게 내달리면서, 어뢰 따위로 걱정하지 말고, 멋진 코뿔소 삶을 살아라!

03

RHINOCEROS
SUCCESS

매 순간
열정을 가져라

당신은 대담하다! 그리고 코뿔소인 당신이 전력 질주할 수 있는 건 바로 그 대담성 때문이다. 당신이 젖소나 양과 다른 것도 바로 그 대담성 때문이다. 당신은 대담무쌍하다! 당신은 모험을 좋아한다! 당신은 무모할 정도로 용감하다. 당신은 그 무엇도 두려워하지 않고 돌진하는 코뿔소다! 당신은 배짱이 두둑하다! 당신은 뻔뻔하다! 당신은 기개가 있다!

　당신은 매일 정글 속을 미친 듯이 내달리며 삶을 최대한 즐긴다. 그 누구의 허락도 필요로 하지 않는다. 그냥 앞을 가로막는 모든 걸 깔아뭉개며 앞으로 돌진한다. 용맹무쌍하게 전력 질주하면 정글 바닥이 진동하고 나무들이 부르르 떤다. 젖소와 양은 갑자기 날아온 어뢰에 쿵 쓰러지며 내는 당신의 웃음소리를 듣는다. 당신은 바로 벌떡 일어나 다시 질주하기 시작하며, 정글의 울창한 덤불 사이로 새로운 길이 생겨나기 시작한다.

자, 가자!

:

'자, 가자!'는 당신의 좌우명이다. 매일 아침 코뿔소의 거대한 폐활량으로 힘껏 외친다. 당신은 넘어지는 걸 두려워하지 않는다. 두께 5센티미터나 되는 피부는 그 무엇에도 까딱없다는 걸 잘 알기 때문이다. 당신에게 일어날 수 있는 최악의 일이라 해봐야 죽는 건데, 당신의 삶에서 죽음은 무시해도 좋다. 누구나 죽는다. 심지어 젖소와 양도. 뭣 때문에 그런 죽음을 걱정해야 하는가? 당신의 관심사는 오직 앞으로 이룰 일뿐.

천하의 코뿔소도 미끄러지지 않고 단 한 번에 언덕 꼭대기까지 올라가진 못한다. 그러나 설사 미끄러져 언덕 맨 아래까지 굴러떨어진다 해도, 젖소와 양의 눈에는 미소 짓는 당신 모습이 보인다. 그 상황에서조차 당신은 흥분을 즐기고 있는 것이다. 설사 오늘 절망의 구렁텅이에 빠져 있을지라도, 내일이면 더없는 환희를 맛보게 될 것이다. 당신은 모험을 사랑한다! 어뢰에 맞아도 간단히 '빌어먹을 어뢰!'하고 마는 코뿔소 정신으

로 무장된 당신은 미국 소설가 잭 런던Jack London의 다음과 같
은 글에 매료된다.

먼지가 되느니 차라리 재가 되리라. 내 생명의 불꽃이 푸석푸석하게
메마라 꺼지게 하느니 찬란한 빛으로 타오르게 하리라. 잠자듯 영원
히 사는 행성이 되느니, 차라리 내 모든 원자가 활활 타오르는 멋진
유성이 되리라.

언제나 대담하게!

:

스스로 대담해지도록 하라. 매일 대담하게 돌진하라. 성공하려면 대담해야 한다. 용기 내어 자신의 것으로 만들어라! 대담성을 길러라. 용기가 필요한 일을 하라. 역겨운 바보처럼 굴지 말고, 목표 달성에 필요한 모든 대담한 일을 다 하라.

모든 목표와 모든 꿈, 모든 위대한 일은 어느 정도의 대담함이 필요하다. 성공이 그렇게 쉬운 일이라면, 또 성공에 어느 정도 실패할 위험이 도사리고 있지 않다면, 성공하지 못한 젖소도 양도 나무늘보도 없을 것이다. 성공하려면 대담해야 한다. 코뿔소는 그런 대담함을 갖고 있다. 당신은 꿈을 좇아 전력 질주할 수 있는 대담함이 있다. 공격적으로 변해라! 폭력적으로 변하라는 게 아니다. 강력한 에너지를 토대로 원하는 걸 손에 넣기 위해 아주 적극적인 자세를 취하라는 것이다. 공격적으로 대담하게 돌진하는 코뿔소는 성공한다. 그 누구도 당신에게 이의를 제기하지 않을 것이다. 돌진하라!

변명으로 해결되는 일은 없다

:

코뿔소는 구차한 변명을 하지 않는다. 매일 미친 듯이 전력 질주하지 않는 것에 대해선 변명의 여지가 없다. 대담해지지 못한다거나 기회를 잡기 위해 바짝 긴장하지 않고 있는 것에 대해선 변명의 여지가 없다. 현실에 안주하는 것에 대해선 변명의 여지가 없다. 행복하고 또 다정다감하지 못한 것에 대해선 변명의 여지가 없다. 멋진 코뿔소 삶을 살지 못하는 것에 대해선 변명의 여지가 없다. 너무 어리거나 늙었다는 것도 변명이 되지 못한다.

피부색도 변명이 되지 못한다. 입 냄새도 변명이 되지 못한다. 빚진 게 있다는 것도 변명이 되지 못한다. 성공하지 못한 것에 대해선 입이 열 개라도 절대 할 말이 없다. 당신 자신의 생각을 통제하도록 하라. 자신이 무엇이 될 것인가 하는 것도 통제하도록 하라. 변명할 생각은 마라. 코뿔소를 생각하라!

자, 나를 따라 외쳐 보라. "내가 원하는 게 되지 못하거나 내가 원하는 걸 갖지 못할 이유는 없다! 대체 뭣 때문에 여기 쭈그리고 앉아 구차한 변명이나 늘어놓고 있겠는가? 변명은 필요 없다. 내 발목을 잡는 건 나 자신뿐. 절대 그런 짓은 하지 않겠다. 지금 난 코뿔소다! 나는 뭐든 할 수 있다!"

천하의 코뿔소도 미끄러지지 않고 단 한 번에 언덕 꼭대기
까지 올라가진 못한다.

성공하려면 어떻게 시간을 관리해야 할까

:

하루는 정확히 24시간만 주어진다. 그 시간을 제대로 쓰지 못하면 버리는 것과 다름없다. 시간은 저축해둘 수 없다. 째깍거리며 곧바로 흘러간다. 아침에 샤워하는 동안에도 째깍거리며 시간은 간다. 이빨과 뿔을 닦는 동안에도 째깍거리며 시간은 간다. 시간은 멈출 수 없다. 경주는 시작되었다! 지금 당신에게 주어진 시간은 정해져 있다. 주어진 시간이 다 되기 전까지는 그 누구도 당신이 경주에 참여한 사실조차 모른다는 사실을 알라.

1분이란 시간은 소중하다. 1분이 모여 1시간이 되고, 1시간이 모여 하루가 된다. 하루가 모여 1달이 되고, 1달이 모여 1년이 되며, 1년이 모여 일생이 된다. 하지만 그 모든 게 1분에서 시작된다. 결국 1분이란 시간을 허비할 경우 일생을 허비하게 되는 것이다.

코뿔소는 그런 함정에 빠지지 않는다. 코뿔소는 자신에게 주어진 1분을 소중히 여긴다. 그들은 게으름 피우며 시간을 허비하지 않는다. 1분이 10달러 정도의 가치가 있다는 기분으로 시간을 사용하라. 시간에는 돈보다 더한 가치가 있다는 걸 명심하라. 돈은 더 가질 수 있지만, 시간은 더 가질 수 없다. 코뿔소가 돼라. 그리고 가능한 한 1분마다 늘 전력 질주하라. 1분을 허비할 경우 그만한 대가를 치르게 된다.

너무 걱정하지는 말자

:

당신은 지금 어떻게 지내고 있는가? 피는 점점 더 진해지고 있는가? 아니면 젖소가 되어 안전한 초원에서 이 책을 읽고 있는가? 코뿔소가 될 가능성이 느껴지는가? 아니면 아직도 자기 자신과 싸우는 중인가? 때론 젖소나 양의 습관을 버리는 게 쉽지 않다. 어쩌면 급격한 변화를 주는 게 너무 힘겹게 느껴질 수도 있다. 정글 속을 미친 듯이 내달려 관심을 끌기엔 나이가 너무 들었다고 느낄 수도 있다. 나이가 들거나 둔감해져 더는 흥분을 느낄 수 없는가? 확실한가? 절대 그렇게는 되지 마라!

너무 성숙해지지 마라. 어린애처럼 굴어라. 너무 진지해지면 삶의 진정한 기쁨을 잊게 된다. 세상 모든 짐을 당신 어깨에 짊어지지 마라. 그것들이 다 당신 책임은 아니며, 당신이 다 해결해야 하는 것도 아니다. 이 세상에는 늘 이런저런 문제가 있기 마련이다. 그것은 성경에서도 확인할 수 있다.

"사람은 고생하도록 태어났으니 불꽃이 위로 날아가는 것 같으니라."

- 욥기 5장 7절

"세상에서는 너희가 환난을 겪을 것이다."

- 요한복음 16장 33절

성경의 이 구절만 읽으면 그리 용기를 주는 말이라는 생각이 안 들 수도 있다. 그러나 그렇지 않다. 자, 요한복음 16장 33절의 그다음 구절도 읽어보라.

"담대하라. 내가 세상을 이겼노라."

- 요한복음 16장 33절

기운 나지 않는가? 그러니 세상 문제로 근심 걱정하지 마라. 어린애 같은 믿음으로 그 문제들이 다 해결될 거라고 믿어라. 다시 어린애 같아진다는 건 정말 즐거운 일 아닌가?

즐겁게 한발 앞으로!

:

삶의 모든 측면에서 열정을 가져라. 남몰래 꿈꿔왔던 코뿔소가 돼라. 지금 바로 젖소의 피부를 벗어던지고 전혀 새롭고 두툼한 코뿔소 피부로 갈아입어라. 처음에는 뭔가 어색하기도 하고 조금 무겁게 느껴질 것이다. 그러나 당신 몸이 점점 그 피부에 맞춰갈 것이다. 매일 점점 더 강해져 조만간 가장 힘센 코뿔소처럼 내달리게 될 것이다. 정글 안으로 들어가 모든 동물로 하여금 당신이 왔으며 뭔가 중요한 일을 할 거라는 걸 알려라!

전력 질주하라!

04

RHINOCEROS
SUCCESS

생길 수 있는 문제에
항상 대비하라

코뿔소는 늘 이런저런 문제에 대비가 되어 있다. 당신에게 돈이 얼마나 많은지 상관없이 문제란 늘 생기기 마련이다. 당신이 코뿔소든 원숭이든 코끼리든 아니면 심지어 젖소든 그건 상관없이 문제란 늘 있는 법이다. 당신이 고등학교를 중퇴했든 대학을 가장 우수한 성적으로 졸업했든 그런 것도 상관없다. 어쨌거나 문제는 생긴다. 문제는 그 누구에게도 인정사정 봐주지 않는다. 문제는 모든 동물에게 생긴다. 성별, 신념, 혈통, 피부색과 관계없이 당신은 여전히 이런저런 문제에 직면하게 된다. 그 어떤 동물도 살면서 생기는 문제에서 완전히 해방된 적이 없다. 문제는 늘 우리 주변에 있는 법이어서 오늘도 있고 내일도 있을 것이다.

그러나 코뿔소는 문제를 다루는 게 다른 동물과는 다르다. 코뿔소는 만만한 상대가 아니다. 무엇보다 먼저 젖소나 양을 꼼짝달싹할 수 없게 만들 문제도 코뿔소에게는 별 문제가 되지 않는다. 사소한 문제쯤은 눈 하나 깜빡하지 않는다. 분명 문제가 있지만, 대수롭지 않게 생각하는 것이다. 문제라는 것은 눈앞에 날아다니는 하루살이나 다름없다. 질주하는 동안 자연스레 사라진다. 그러나 속도를 늦추면 그 하루살이들이 다시 나타나 눈앞을 맴돈다. 그러니 계속 질주하라. 그러면 코뿔소에게 사소한 문제는 문제도 아니다. 늘 저절로 사라질 테니까.

당신이 해결해야 할 건 커다란 문제다. 코끼리도 놀라게 할 수 있는 문제야말로 코뿔소가 해결해야 할 문제인 것이다. 그러니 젖소나 양이 걱정하는 사소한 문제는 신경도 쓰지 마라. 당신은 크고 묵직한 문제를 신경 쓰면 된다. 그런 문제는 직장에서 나온다. 다행히 당신은 그 문제의 해결책을 안다. 그리고 그 해결책 역시 직장에서 나온다.

문제가 있다는 건 좋은 징조다

:

문제가 있다는 건 좋은 징조라는 걸 먼저 알아 두어라. 뭔가 문제가 있다는 건 바퀴가 돌고 있다는 뜻이고, 목표를 향해 나아가고 있다는 뜻이다. 오히려 아무 문제가 없을 때 조심해야 한다. 그렇다면 정말 뭔가 문제가 있는 것이다. 아무 문제가 없다는 것은 아무 움직임도 없다는 뜻이다. 또 아무 움직임도 없다는 것은 현실에 안주하고 있다는 뜻이며, 현실에 안주하고 있다는 것은 퇴보하고 있다는 뜻이다. 아무 문제가 없다면 자기가 지금 어디 있는지를 다시 확인해 보라. 그야말로 아무 데도 가지 못하고 있을 수 있다.

코뿔소는 끊임없이 나아간다. 문제는 목적지를 향한 길 위의 이정표다. 그러니 이런저런 문제들을 거치도록 하라. 그러면 목적지에 도달하게 될 것이다. 그리고 늘 문제가 나타날 걸 예상하라. 그래야 문제가 나타나도 놀라지 않는다. 차분하게 코뿔소처럼 그 문제들을 해결하라.

모든 문제에는 해결책이 있다

:

문제를 제거하기 위한 첫 단계는 문제를 알아내는 것이다. 문제가 무엇인지 정확히 알고 있는가? 그걸 적어보라. 친구에게 설명하듯 문제를 자세히 적어보라. 진짜 문제가 무언지를 알아내는 데 도움이 될 것이다. 문제의 핵심이 뭔지 알았다면, 이제 이렇게 자문해 보라. '이 문제를 해결하려면 지금 무얼 해야 하나?' 하나 혹은 여러 개의 해결책을 적어보라. 모든 문제에는 해결책이 있다. 코뿔소처럼 상상력을 발휘하라.

무얼 해야 하는지 알았다면 박차를 가해라. 돌진할 필요가 있다면 코뿔소처럼 돌진하라! 대담함이 필요하다면 코뿔소처럼 대담해져라! 문제를 완전히 없애는 데 필요한 일이라면 그 일에 전력투구하라. 그 문제는 당신의 적이다. 너무 오래 내버려 두면 점점 더 당신을 곤란하게 만들 것이다. 머리를 낮추고 당신의 뿔을 그 문제에 겨누어 전속력으로 돌진하라! 그 문제를 박살 내라. 인정사정 봐주지 마라. 목표로 향하는 걸 방해

하는 그 문제를 최대한 공격적으로 다뤄라. 죽여라! 깔아뭉개라! 파괴하라! 코뿔소에게 문제라는 건 절대 용납되지 않는다. 문제가 나올 때마다 박살을 내버려라!

슬픔을 극복하는 법

:

당신이 어쩌지 못하는 문제도 있다. '슬픔'이라는 범주에 들어가는 문제가 바로 그것이다. 예를 들어 가족의 죽음과 그외 비극들은 삶의 한 부분이다. 벽장 안에서 혼자 살아가지 않는 한 일상에서 수시로 생기는 슬픈 일들을 피할 길이 없다.

여기서 다시 하나님에 대한 코뿔소의 믿음이 중요하다는 걸 강조하지 않을 수 없다. 우리 코뿔소가 위대하긴 하지만 세상을 창조한 건 아니다. 모든 해답을 가지고 있는 것도 아니다. 커다란 고통이 우리를 덮쳐올 때마다 자신이 보잘것없는 존재라는 걸 절감하게 된다. 지금 조물주가 저 위에서 우리를 기다리고 있는데, 저 위의 세상은 분명 이곳보다 훨씬 더 멋진 곳 같다.

"하나님이 자기를 사랑하는 자들을 위하여 예비하신 모든 것은 눈으로 보지 못하고 귀로 듣지 못하고 사람의 마음으로 생각하지도 못하였다 함과 같으니라."

- 고린도전서 2장 9절

만일 혼자서 모든 걸 할 수 있다고 생각하지 않고, 우리가 우주에서 가장 뛰어난 존재라고 생각하지 않으며, 죽음으로 모든 게 완전히 끝이라고 생각하지 않는다면, 하나님을 믿고 또 사랑하라.

05

RHINOCEROS
SUCCESS

버티는 것이
강한 것이다

절대 포기하지 마라! 정글 속을 내달리는 거대한 당신 몸의 모든 세포 안에는 끈기가 들어 있다. 당신에겐 그 어떤 환경에서도 자신이 하는 일을 끈기 있게 밀어붙일 강력한 힘이 있다. 당신에겐 불굴의 의지가 있다! 그 무엇도 성공하겠다는 강한 의지를 꺾지 못한다. 어뢰도 허리케인도 지진도 세금도 번개도 코뿔소 밀렵꾼도 지뢰도 당신을 굴복시키지 못한다. 당신을 거꾸러뜨리려 하는 고약하고 거슬리는 모든 장애물을 짓밟으며 질주한다. 당신의 끈기는 성공으로 가는 길에 가로놓인 모든 장애물을 거꾸러뜨린다!

버틸 수 있을까

:

고등학교에 막 올라갔을 때, 나는 수의사가 되고 싶어 방과 후에 아르바이트 일을 하기로 마음먹었다. 그리고는 지역 동물병원에 동물 관리 기술자로 취업을 신청했다. 동물 관리 기술자가 주로 하는 일은 수의사를 도와 동물을 통제할 수 있게 해주고 수의사가 동물에게 물리지 않게 하는 것이었다.

그 일은 잡기가 쉽지 않았다. 6개월 가까이 계속 알아본 끝에야 자리가 하나 날 정도였다. 나는 결국 그 일을 잡았다! 와우! 내 친구들은 거의 다 설거지 일을 하든가 박스 포장하는 일을 하든가 아예 아무 일도 하지 못했는데, 나는 비교적 시급이 높은 동물 관리 기술자로 일한 것이다.

나는 그야말로 한껏 부푼 가슴을 안고 첫 출근을 했다. 그날의 첫 임무는 새로 태어난 강아지들의 꼬리를 짧게 자르는 일이었다. 내가 할 일은 의사가 강아지 꼬리 밑동 근처를 실로 단단히 묶은 뒤 꼬리를 자를 때 강아지를 붙들고 있는 것이었다.

강아지들이 들어 있는 박스 안에서 한 녀석을 꺼냈다. 엉덩이 부분이 의사 쪽으로 가게 강아지를 꼭 잡은 채, 의사가 가위로 꼬리를 자를 때 꼼지락대지 못하게 하려 애썼다. 싹둑! 순간 강아지는 비명을 질렀고 계속 낑낑댔다. 결국 꼬리가 탁자 쪽으로 떨어졌고, 수도꼭지에서 물이 떨어지듯 꼬리 끝부분에서 피가 뚝뚝 떨어졌다.

바로 가벼운 현기증이 났지만, 내색하지 않으려 애썼다. 의사는 꼬리 부분을 다 꿰맨 뒤, 다음 강아지를 데려오라고 했다. 이번에는 더 심했다. 강아지는 더 꼼지락거렸고 더 비명을 질렀으며 더 많은 피를 흘렸다. 갑자기 토할 것 같았다. 그 강아지를 주인에게 건네준 뒤 바로 화장실로 뛰어갔다. 머리가 빙빙 돌았다. 곧 토할 것처럼 속이 메슥거렸고 식은땀이 비 오듯 했다.

두 무릎 사이에 머리를 끼고 앉아서 생각했다. '빌어먹을! 겨우 잡은 일인데 대체 이 무슨 일인가? 대체 이걸 어찌 설명해야 하지?'

15분쯤 지나 의사에게 돌아갔지만, 아직도 약간은 어지럽고 속도 메슥거렸다. "이젠 괜찮습니다." 의사에게 말했다.

그러나 상황은 별로 나아지지 않았다. 아주 어린 시절 나는 주사를 맞을 때 정신을 잃곤 했었다. 거의 예외 없이 그랬다. 그런데 이제는 개나 고양이가 주사를 맞는 것만 봐도 그 비슷한 현상이 나타나는 듯했다. 그래서 개나 고양이를 붙들고 있으면서도 주삿바늘은 보지 않으려 애썼는데, 얼핏 보이기라도 하면 또 정신을 잃을 듯했다. 주삿바늘만 봐도 힘이 다 빠지는 듯했다. 첫날이 다 가기 전에 나는 또 내가 고양이를 무서워할 뿐 아니라 고양이 알레르기까지 있다는 걸 알게 됐다. 고양이 가까이 가면 콧물이 나고 재채기가 났으며 눈이 가렵고 눈물이 났다. 이 무슨 끔찍한 날인가!

다행히 그날은 실제 기절하거나 토하는 일 없이 잘 넘겼지만, 거의 기절하거나 토하기 직전 상태를 여러번 겪었다. 그날 일과가 다 끝났을 때 나는 절망에 빠졌다. 정말 간절히 원했던 일이지만, 속도 울렁거리고 알레르기까지 있어 계속할 수 없을 것 같았다. 그날 밤 나는 꿈을 꾸었다.

결국 해낼 수 있는 시간의 힘

:

꿈속에서 나는 바다 한가운데에서 아무도 없이 혼자 조그만 배에 타고 있었다. 어디를 보아도 육지는 없었다. 갑자기 심한 폭풍우가 몰아쳤다. 비가 쏟아지기 시작했고, 바람은 나를 들어 올려 배 밖으로 집어 던질 듯 세차게 불었다. 파도에 휩쓸려 배가 심하게 요동쳤고, 돛대에 내 몸을 묶고는 있는 힘껏 매달렸다. 바람은 점점 더 세차게 불었고 돛대에 매달리는 게 점점 더 힘들어졌다. 마치 비와 바람이 합세하여 돛대에 매달려 있는 나를 떨구려 애쓰는 듯했다. 압박은 점점 더 심해졌고, 비와 바람은 절대 멈추지 않을 것 같았다.

그러나 나는 끝까지 버텼다. 잠시 후 꿈속에서 눈을 떴는데, 나는 갑판 위에 누워 있었고 폭풍우는 잠잠해져 있었다. 하늘은 푸르렀고 바다는 더할 나위 없이 고요했다. 거세디거센 폭풍우 속에서 끝까지 버텨 살아남은 것이다!

아침에 눈을 떴을 때 그 꿈에 대해 생각했다. 그 꿈은 동물병원에 끝까지 있으라는 계시인 것 같았다. 속이 울렁거리고 알레르기도 있었지만 계속 그 병원에서 일했다. 가끔은 그 꿈속에서처럼 상황이 너무 안 좋았다. 그러나 다행히 계속 버텼고 실제 폭풍우도 이겨냈다!

그 후 2년간 매일매일 방과 후와 여름 방학 동안 그 동물병원에서 일했다. 알레르기 증상은 다 사라졌다. 이제 더없이 사나운 고양이들도 잘 다뤘고, 심지어 개나 고양이의 혈액을 채취하는 일도 했으며, 개의 이빨을 뽑는다거나 종기를 짜내고 봉합하는 간단한 수술도 했다. 그리고 병원에 가서 주사를 맞을 때도 더는 정신이 혼미해지는 일이 없었다!

가장 중요한 것은 끈기였다. 힘든 상황에 부닥쳤을 때 참고 견뎌라. 절대 포기하지 마라! 당신이 배를 타고 있는데 폭풍우가 몰아닥쳐 당신을 바다로 빠뜨리려 하는 상황을 상상해 보라. 폭풍우에 배가 부서지고 침몰하지 않는 한 절대 포기하지 마라. 배가 바닥으로 가라앉기 시작한다면, 그땐 매달려 있던 돛대에서 벗어나 탈출해도 좋다. 그게 아니라면 끝까지 참고 버텨라!

힘든 상황에 부닥쳤을 때 참고 견뎌라. 절대 포기하지 마라!

RHINOCEROS
SUCCESS

삶의 여섯 가지 측면에서
철저히 코뿔소가 되는 방법

당신은 혹 코뿔소를 물 위에 뜨게 만드는 법을 아는가? 루트 비어(식물 뿌리로 만든 탄산음료 - 역자 주) 한 병에 바닐라 아이스크림 한 숟갈, 그리고 그 위에 코뿔소 한 숟갈!

좀 억지스러운 면이 없지 않아 있지만, 어쨌든 이 농담을 잘 기억해 두어라. 어떤 일을 할 때든 이 농담을 떠올리면 코뿔소 생각이 날 것이다. 코뿔소로 성공하는 법은 주야장천 코뿔소로 살아야만 가능하다. 뭔가 중요한 프로젝트에 몰입 중일 때는 '코뿔소 놀이'를 하지 않을 것이고, 그렇게 그 프로젝트가 끝나면 다시 젖소로 돌아가게 된다. 그러나 '코뿔소 놀이'는 그렇게 했다 말았다 해선 안 된다. 깨어 있는 내내 매 순간 코뿔소를 생각해야 한다. 그래서 눈에 띄는 곳에 코뿔소 그림이나 사진을 걸어 놓는 게 중요한 것이다. 자신이 코뿔소라는 걸 잊는 순간, 당신은 소중한 코뿔소의 특성을 다 잃게 된다.

기회가 당신 손을 빠져나가는 건 그야말로 순식간이다. 어뢰는 당신이 그것에 맞았다는 걸 깨닫기도 전에 당신을 자빠뜨릴 수 있다. 그런 일이 절대 일어나지 않게, 깨어 있는 동안 내내 코뿔소를 생각해라. 필요하다면 신발 밑바닥에 자갈을 하나 집어넣어서라도 하루 종일 늘 코뿔소를 생각해라!

코뿔소의 삶을 산다면 금전적 측면과 업무적 측면, 가정적 측면, 육체적 측면, 사회적 측면, 영적 측면 등 삶에서 중요한 여섯 가지 측면에서 엄청난 도움을 받게 된다. 그리고 깨어 있는 동안 내내 코뿔소로 산다면, 이 중요한 삶의 여섯 가지 측면에서 '코뿔소 성공'을 거둘 수 있다. 그럼 다음 장부터 그 여섯 가지 측면들을 하나하나 살펴보도록 하자.

RHINOCEROS SUCCESS

금전적 측면
: 자신을 위해 써라

우선 금전적 측면부터 알아보자. 당신은 금전적으로 어떤가? 돈은 충분히 갖고 있는가? 그 누구도 당신에게 "돈은 그리 중요하지 않다." 이런 말을 하지 못하게 하라. 돈은 중요하다! 돈은 꼭 필요하다! 돈이 없다면 당신의 삶은 모든 면에서 고통스러워질 것이다. 돈이 없다면 굶어 죽을 수도 있다.

돈은 악명이 높은데, 그것은 동물 대부분이 충분히 많은 돈을 갖고 있지 못하기 때문이다. 그리고 그처럼 돈이 부족한 걸 합리화하기 위해, 흔히 "돈은 모든 악의 근원이다" 또는 "돈으로 행복을 살 수는 없다" 이런 말들을 한다. 그러나 이 두 말은 전적으로 틀린 말이다. 둘 다 순전히 돈이 없는 걸 합리화하기 위해 하는 말인 것이다.

돈이 모든 악의 근원이 아니라, 돈에 대한 사랑이 모든 악의 근원이다. 돈을 아주 좋아하는 것까지는 괜찮지만, 돈이 자신을 지배하는 신이 되어선 절대 안 된다. 돈으로 할 수 있는 즐거운 일들이 얼마나 많은가? 그런 돈에 대해선 경의를 표해야 한다. 돈으로 무얼 할 것인지 멋진 계획들을 세워라. 돈을 긍정적으로 생각하고 돈에 대한 갈망을 갖되, 절대 돈만을 위한 삶을 살지는 마라. 돈은 목적이 아니라 수단이다. 적절히 사용하면 행복하고 만족스러운 삶을 구축할 수 있다. 그러나 부적절하게 사용하면 삶이 비참해지게 된다. 그렇게 사용하지 마라. 그러면 다 잃게 된다. 멋진 코뿔소의 삶을 시작할 기회조차 얻지 못하게 된다.

행복한 돈을 만들어라

:

돈으로 행복을 살 수 있다! 그래서 돈이 그렇게나 소중한 것이다. 그게 아니라면 대체 돈으로 무엇을 사고 싶겠는가? 불행을? 당신에게 돈이 아무리 많든 적든, 그 돈으로 늘 행복을 살수 있다. 예를 들면 하와이에 방 12개짜리 고급 별장을 살 수도있고, 지금 사는 아파트에서 쫓겨나지 않기 위해 지난달 월세를 낼 수도 있다. 돈으로 행복을 살 수 없다면, 대체 무엇 때문에 모든 사람이 돈을 가지려 하겠는가? 가난으로는 행복을 살수 없다. 그러니 가난해지지 않도록 하라!

그렇다면 다 쓸 수 없을 정도로 돈이 많으면서도 불행한 동물은 어찌 된 것일까? 이들은 돈을 신처럼 섬기는 동물들이다. 돈으로 행복을 살 수도 있지만, 돈은 형편없는 구세주가 될 수도있다. 스스로 목숨을 끊는 억만장자를 생각해 보라. 그런 사람의 전철을 밟지 않도록 조심하라. 행복한 돈을 만드는 가장 좋은 방법은 돈을 신처럼 섬기지 말고 취미로 삼는 것이다.

돈 버는 걸 취미로 만들어라

:

당신에겐 이제 새로운 취미가 생겼다. 돈 버는 취미 말이다. 돈 버는 일은 가장 수지맞는 취미 중 하나로 봐도 좋다. 코뿔소는 돈 버는 걸 좋아한다. 그들은 짜릿한 흥분과 도전 그리고 부의 축적을 통한 보상을 좋아한다.

돈 버는 취미는 우표나 오래된 병들을 수집하는 취미보다 낫다. 이 취미에 푹 빠져보라. 십중팔구 부자가 될 것이다. 그러나 어디까지나 일이 아닌 취미로 만들어야 한다. 어떤가? 매일 일하러 가는 것보다는 취미 생활을 하며 시간 보내는 게 더 낫지 않겠는가? 취미는 즐겁고 재미있고 자극적이다. 아침에 일찍 일어나게 만드는 것은 일이 아니라 취미다. 취미가 생기면 빨리 아침이 왔으면 하는 설렘으로 밤에 잠도 제대로 못 이룰 지경이 된다. 어린 시절 크리스마스이브를 기억하는가? 선물 받을 생각에 빨리 아침이 왔으면 하고 얼마나 설레었던가!

돈을 버는 것은 당신이 이미 어떤 취미를 갖고 있든 그 취미와 서로 멋지게 보완된다. 만일 돈 버는 것과 비행기 타고 여행하는 게 취미라면, 삶에서 기막히게 멋진 일들이 많이 생겨날 것이다. 돈 버는 것과 우표 모으는 게 취미라면, 세계 일주 유람선을 타고 수집 중인 우표를 만든 나라를 하나하나 둘러볼 수 있을 것이다. 돈 버는 것과 스키 타는 게 취미라면 언젠가 자신의 스키 리조트를 소유할 수도 있다. 자, 이래도 돈 버는 것보다 더 짜릿한 취미를 생각해낼 수 있겠는가? 오늘부터 돈 모으는 취미를 시작하라!

돈 버는 것과 스키 타는 게 취미라면 언젠가 자신의 스키
리조트를 소유할 수도 있다.

주는 사람이 성공한다

:

그러나 이건 어디까지나 취미일 뿐이라는 걸 절대 잊지 마라. 돈이 당신을 좌지우지하는 지배자가 되지 않게 하라. 당신이 일구어 놓은 모든 걸 잃을까 두려워하지 마라. 돈이 부담으로 느껴질 정도로 돈에 푹 빠지진 마라. 돈을 잃을까 걱정하거나 돈을 도둑맞을까 걱정하거나 돈을 다 쓸까 봐 걱정한다면, 그땐 돈이 무슨 목에 두른 맷돌 같아질 것이다. 그렇게 되면 돈으로 행복을 살 수 없다. 그렇게 되면 돈은 당신이 섬기는 신이나 다름없다.

그런 덫에 빠지지 않기 위해 십일조를 내는 것도 하나의 방법이다. 당신이 버는 모든 돈에서 10퍼센트를 하나님께 돌려라. 어쨌든 하나님이 당신의 동반자라면 적어도 당신 수입의 10퍼센트는 가질 자격이 있다. 만일 하나님이 당신의 동반자가 아니라면 최대한 빨리 그를 동반자로 받아들여라. 대체 어디 가서 그 정도 돈으로 그렇게 든든한 동반자를 구하겠는가?

하나님은 자신의 급여를 올리지 않는다. 수천 년 동안 수입의 10퍼센트를 고수하고 있는데, 아마 오늘날 이보다 더 나은 계약 조건은 없을 것이다!

하나님께 드릴 십일조를 당신에게 많은 영감을 주는 종교 단체에 주어도 좋다. 십일조는 우리의 자유 기업 시스템과 기막히게 잘 맞는다. 받으려면 주어야 한다.

"주라. 그리하면 너희에게 줄 것이니."

- 누가복음 6장 38절

하인츠Heinz, 콜게이트Colgate, 크래프트Kraft, 록펠러Rockefeller 같은 오늘날의 많은 억만장자 집안들은 자신들에게 부를 가져다준 열쇠로 십일조를 꼽고 있다. 역사상 가장 부유했던 사람 중 하나인 솔로몬 왕King Solomon은 이런 말을 했다.

"네 재물과 네 소산물의 처음 익은 열매로 여호와를 경외하라. 그리하면 네 창고가 가득히 차고 네 포도주 통에 새 포도주가 넘치리라."

- 잠언 3장 9-10절

모든 건 당신의 선택에 달렸다

:

나는 스물한 살 때부터 십일조를 내기 시작했다. 그 당시 나는 사업을 너무 빨리 확장했다. 사업에 필요한 사무실을 임대하고, 사람을 채용하는 데 너무 많은 돈을 썼다. 한 달 동안 부담해야 하는 비용에 비해 지불 능력은 그 절반 정도밖에 안 된다는 걸 알았을 땐 정신이 아득해져 잠시 누워 있어야 할 정도였다.

그때에는 뭔가 도움이 필요했다. 그리하여 나의 운전대를 하나님에게 넘겼다. 그 대가로 전체 수입 중 10분의 1을 하나님에게 바치기 시작했다. 첫 십일조를 내려고 더 많은 돈을 빌렸고, 그 때문에 더 깊은 수렁에 빠져들었다.

내 포도주 통에는 최고급 포도주로 넘쳐나는 기적이 일어나진 않았지만, 영원히 나오지 못할 듯하던 깊은 수렁에서 가까스로 빠져나올 수 있었다. 지금도 나는 다음과 같은 세 가지 이유로 계속 십일조를 내고 있다.

- 십일조를 내면 늘 돈과 관련해 적절한 관점을 가질 수 있다. 나는 결코 구두쇠는 되고 싶지 않다. 돈을 버는 것과 관련해 가장 재미 있는 부분이 바로 주는 것이기 때문이다.
- 누군가 당신에게 계속 도움을 준다면, 도움을 준 사람에게 그만한 대가를 내야 한다고 믿는다. 잊지 마라. 받으려면 주어야 한다.
- 창고가 밀과 보리로 가득 찰 때까지 마냥 기다릴 수 없다.

결정은 자신의 몫이다. 부유한 코뿔소지만 십일조를 내지 않는 코뿔소도 많다. 모든 건 삶에서 자기 자신이 바라는 게 무언지 또 믿는 게 무언지에 달려 있다. 나는 그저 있는 그대로의 사실과 내 의견을 제시할 수 있을 뿐인데, 더 부유하고 풍요로운 코뿔소 삶을 살려면 십일조를 내라고 강력히 권하고 싶다.

돈은 늘 가장 먼저 자신을 위해 써라

:

십일조를 내고 안 내고를 떠나서 전체 수입의 10퍼센트는 저축해야 한다. 이건 하늘이 무너져도 해야 할 일이다! 이 경우는 선택의 여지가 없다. 이 점은 아무리 강조해도 지나치지 않다. 조지 S. 클레이슨George S. Clason이 쓴 『바빌론 부자들의 돈 버는 지혜The Richest Man in Babylon』는 모든 코뿔소가 꼭 읽어야 할 필독서다. 당장 서점으로 달려가 한 권 사기를 바란다.

가장 먼저 자기 자신을 위해 돈 쓰는 법을 배워라. 벌어들이는 돈 중에서 10퍼센트는 자신을 위해 계좌에 넣도록 하라. 그돈은 코뿔소 투자금이다. 다음 기회를 위해 저축을 시작하는 것이다.

08

RHINOCEROS SUCCESS

업무적 측면

: 즐겨라! 성과가 따라온다

이번에는 업무적 측면에 대해 알아보자. 금전적 측면과 밀접하게 관련 있는 게 바로 업무 환경이다. 만일 금전적으로 문제가 많다면 업무적으로도 문제가 많을 것이다. 모두가 일해야 하는 건 아니다. 일은 힘들고 단조롭다. 일은 따분하고 짜증 나며 불쾌하고 시시하다. 누가 그런 걸 원하겠는가? 특히 코뿔소인 당신은 절대 원하지 않는다! 젖소에게는 더없이 안성맞춤일지 모르나 당신에겐 아니다!

매일 즐겁게 심취할 수 있는 일을 찾아라. 하루라도 빨리 그만두고 싶은 일은 절대 제대로 할 수 없다. 또한 당신이 기대할 수 있는 게 그저 지루한 일뿐이라면, 아침 일찍 일어나고 싶지도 않을 것이다. 제대로 성공하고 돈도 벌려면 즐길 수 있는 것과 흥미를 느낄 수 있는 것, 자신에게 뭔가 영감을 주는 것을 해야 한다. 그리고 그게 무언지는 자신만이 안다. 그런 걸 찾아내 전력투구한다면, 돈은 저절로 오게 되어 있다.

매일 괴롭다면 빠져나와라

:

일 때문에 매일 괴롭다면 빠져나와라! 탈출 계획을 짜라. 정말로 하고 싶은 일을 해라. 다른 동물에게 공감을 얻을 생각은 하지 마라. 절대 공감을 얻지 못할 것이다. 다른 동물에게 어찌하면 좋겠냐고 묻지 마라. 그들이 어찌 알겠는가? 그들은 당신이 자신보다 앞서 나가는 걸 원치 않을 것이다. 그들이 어떤 말을 해 줄지 뻔하다. 아마 십중팔구 이런 식으로 말할 것이다. "그만둔다면 정말 바보 같은 짓이야!"

젖소가 당신에게 어리석다고 말하고 양은 후회하게 될 거라고 말한다면, 당신은 옳은 길을 가는 거라고 봐도 좋다. 그럴 땐 그냥 돌진하라. 그러나 만일 사자가 당신에게 어리석다고 말한다면 신중히 생각해야 한다. 만일 코뿔소가 당신에게 어리석다고 말한다면 정말 어리석은 것이다!

그러나 진정한 코뿔소는 절대 누구에게도 그런 말을 하지 않으니 절대 공감을 기대하지 마라. 대담한 코뿔소가 돼라. 그리고 젖소들의 초원 책임자에게 2주일 전에 통보하라. 코뿔소 본능이 당신에게 모험과 성취의 정글로 가라고 외치고 있다.

그러나 현재 마음에 드는 직장에서 일하고 있다면 자신의 능력을 입증해 보여라. 당신은 아직 유능한 코뿔소가 될 수 있다. 고용주는 돌진하는 코뿔소와 함께 일하고 싶어 한다. 그런 직원이야말로 월급을 주어도 전혀 아깝지 않다. 그래서 그런 직원은 회사에서 빨리 출세하며 임금이 오르고 승진도 하게 된다.

상사에게 자신이 코뿔소라는 걸 보여주어라. 당신의 일을 도전거리로 삼아라. 당신이 얼마나 더 높은 생산성을 발휘할 수 있는지를 보여주어라. 당신이 얼마나 멋진 아이디어들을 내 회사에 더 크게 이바지할 수 있는지를 보여주어라. 결국 '받으려면 주어야 한다'는 공정한 거래 원칙에서 움직이는 것이다. 스스로 더 많이 주어라. 그러면 더 많은 것을 받게 될 것이다.

벽난로에 장작을 넣지 않으면 따뜻한 열을 얻지도 못한다. 장작을 넣어라! 그렇게 더 많이 주면, 더 많은 연봉과 더 나은 근무 조건들을 누리게 될 것이다. 남들 모두 기어 다닐 때 당신은 질주하는 것이다. 방해하기보다 스스로 도움주는 존재가 되고, 다른 이들에게 영향을 주어 더 많은 걸 내놓게 만든다.

코뿔소의 당당함을 보여주어라

:

직장에선 행복한 마음으로 일을 하라. 업무상 필요한 서류를 떼러 시내 관공서에 갔을 때, 나는 창구에 앉아 있는 그 젊소들을 보고 믿을 수가 없었다. 그들은 하나같이 마치 등에 칼이라도 꽂힌 듯 느릿느릿 움직였다. 말하는 것도 너무 단조로웠고 열정이란 찾아볼 수도 없었다. 정말 섬뜩했다. 시간이 멈춘 세계로 들어온 게 아닌가 싶을 정도였다.

코뿔소가 되어 당신의 개성을 보여주어라. 늘 웃고 활기차게 행동해라! 발걸음은 경쾌하게, 악수에는 온기를 담아라. 말에는 감정을 실어 적극적으로 도와주어라. 그렇게 하면 자기 자신을 더 좋아하게 될 뿐 아니라, 더 따뜻하고 친근하고 생산적인 업무 환경을 만들어내어 모든 이들, 특히 고용주도 당신을 좋아하게 될 것이다.

직장에서 더 많은 걸 얻고 싶다면 내일부터 하루 종일 코뿔소처럼 행동하라. 당신이 술 취한 것 같다든가 침대에서 떨어져 머리를 다친 것 같다든가, 하는 소문이 돌더라도 신경 쓰지 마라. 당신의 피부 두께가 5센티미터나 되는 대담한 코뿔소라는 사실을 잊지 마라.

젖소는 코뿔소와 함께 일하는 것을 아주 싫어한다. 자신과 너무 비교되기 때문이다. 젖소는 게으르고 비생산적이다. 그래서 젖소는 당신을 자기와 같은 수준으로 끌어내리려 할 것이다. 거기에 넘어가지 마라. 자칫 유약한 코뿔소가 될 수 있다. 조심하라! 어떤 일이 일어날지 아무도 모른다. 한 코뿔소가 모든 이들에게 깨우침을 줄 수도 있다. 그런 코뿔소가 되도록 하라. 그런 뒤 당신에게 얼마나 멋진 일들이 일어나는지 지켜보라.

코뿔소는 성공한 세일즈 동물이 된다

:

코뿔소는 그 어느 분야보다 특히 세일즈 분야에 많다. 코뿔소가 세일즈의 특성에 딱 들어맞기 때문이다. 젖소가 세일즈 분야에서 돈을 벌려면 생지옥 같은 삶을 살 수도 있지만, 코뿔소는 부자가 될 수도 있다. 나는 코뿔소들이 세일즈 세계에서 성공할 가능성이 크다는 사실을 인정하고 싶다. 당신은 희귀한 종의 코뿔소다. 당신이 속한 종의 코뿔소는 더 크고 더 공격적이고 더 빠르고 더 대담하며, 피부 두께가 15센티미터 가까이 된다. 그래서 그들도 당신에겐 어뢰를 쏘는 게 아니라 아예 군대를 보낸다. 그 무엇도 전력 질주하는 세일즈 코뿔소를 진압할 수 없다. 당신은 아주 강력한 동물이다.

계속 전력 질주하라!

09

RHINOCEROS
SUCCESS

가정적 측면
: 가족을 내 삶으로 끌어들여라

이번에는 가정적 측면에 대해 알아보자. 가정은 당신을 도울 수도 있고 망가뜨릴 수도 있다. 가정생활이 재정 상태와 업무 환경에 영향을 주고, 그 재정 상태와 업무 환경은 다시 가정생활에 영향을 준다. 사실 삶의 중요한 여섯 가지 측면들은 각기 어느 정도 다른 측면들에 영향을 준다. 그래서 그 여섯 가지 측면 간에 균형을 잘 잡는 게 중요하다. 예를 들어 당신은 가정이 있다는 사실을 잊을 만큼 직장 일에 몰두하고 싶진 않을 것이다. 여섯 가지 측면이 다 당신 책임이다. 코뿔소는 삶의 여섯 가지 측면에 모두 뛰어나다. 그 덕에 코뿔소는 행복하고 만족스러운 삶을 살 수 있다. 이것이 결국 우리가 추구하는 인생 아닌가?

행복한 가정생활을 꾸려라. 그러기 위해선 코뿔소가 되어야 한다. 가정이 늘 단란하고 행복하려면 코뿔소가 되어야 한다. 물론 늘 모든 게 잘 돌아가지 않는 순간이 있게 마련이다. 바다가 거칠어질 조짐이 보인다고 배를 포기하진 마라. 그건 젖소나 하는 짓이다. 끝까지 참고 견뎌라. 세상에 쉽게 얻는 건 아무것도 없다.

결혼생활은 아름다운 정원과 같다. 끊임없이 신경 쓰고 보살피고 사랑해 주어야 한다. 또한 잡초가 없나 잘 살펴 뿌리 내리지 못하게 해야 한다. 각종 벌레와 땅다람쥐도 막아주어야 한다. 그게 정원에서 해야 할 일들이다. 한 주만 소홀하면 복구하는 데 몇 달이 걸릴 수도 있다. 행복한 결혼생활을 꾸리려면 시간과 노력이 필요하다. 저절로 행복한 결혼생활을 찾으려 해봐야 시간 낭비일 뿐이다.

아이들 문제는 뭐라 말해야 좋을지 모르겠다. 아직 아이들이 없는 나로서는 이런 조언밖에 못해 줄 것 같다. 당신은 코뿔소다. 분명 좋은 방법을 찾아낼 것이다.

가족은 나의 힘

:

당신의 삶에 가족을 참여시켜라. 함께 부를 쌓아가라! 코뿔소들은 늘 함께한다. 아이들도 당장 참여시켜 고등학교에 들어갈 무렵 젖소로 변하지 않게 하라. 온 가족이 일심동체가 되어 당신을 따라줄 때, 당신은 더 열심히 질주하고 그 모든 걸 더 즐길 수 있다. 적어도 1년에 2번은 온 가족을 데리고 진흙 웅덩이를 찾아가 휴식을 취하라. 아이들에게 코뿔소 원칙을 알려주어라. 서툴더라도 그러려고 노력해라. 그리고 배우자에게는 적어도 1주일에 1번씩 멋진 선물을 해 주어라. 당신을 위해 샀노라고 말해 주어라!

만약 결혼할 때가 다 됐는데 아직 혼자 살고 있고 그 상태를 유지할 생각이라면 조심하라. 당신은 인기 있는 배우자감이다. 당신은 걸어 다니는 보물이다. 정글 안의 동물들이 모두 당신을 주시하고 있다. 그들이 접근해 온다면 그중에서 꼭 코뿔소를 만나도록 하라. 그래야 함께 정글 안에서 내달릴 수 있다.

당신의 삶 안에 당신의 가족을 참여시켜라.

10

RHINOCEROS
SUCCESS

육체적 측면
: 무엇보다 건강이 우선

비실거리는 코뿔소가 되지 마라. 늘 최상의 컨디션을 유지하도록 하라. 코뿔소의 삶을 살려면 무엇보다 건강해야 한다. 앞으로 돌진할 때 배의 군살들이 출렁거려선 안 된다. 몸무게가 표준 몸무게에서 더 나가게 되어선 안 된다.

당신은 지금 육체적으로 어떤 것 같은가? 진정한 코뿔소는 정말 멋진 동물이다. 지금 스스로 멋지다고 할 수 있는가? 뚱뚱하면 멋진 코뿔소 범주에 들어갈 수 없다. 피부 두께가 5센티미터라는 거지, 지방이 두꺼워야 한다는 게 아니다. 몸무게가 필요 이상으로 많이 나간다면 빼도록 하라. 몸매가 쭉 빠지고 탄탄하면 스스로 '슈퍼 코뿔소'처럼 느껴질 것이다. 당신은 뭐든 할 수 있다! 그 어떤 장애물도 한 번에 뛰어넘을 수 있고 쏜살같이 날아가는 어뢰보다 더 빨리 달릴 수 있다. 성공을 향해 전력 질주해 그걸 손에 넣을 수 있다!

반면에 늘 몸 상태가 안 좋고 뚱뚱하거나 몸매가 엉망이라면, 당신은 코뿔소처럼 많은 생산성을 유지할 수 없게 된다. 숨을 헐떡거리지 않고 계단을 오를 수 없는데 날아오는 어뢰들을 뚫고 정글 속을 내달린다는 건 불가능한 일이다.

운동하여 몸매를 다듬어라. 코뿔소처럼 훈련하라. 전력 투구하라! 대범하게 돌진하라! 팔 굽혀 펴기 1번하고 5분 달리는 것으로 끝내지 마라. 팔 굽혀 펴기 5,000번에 150킬로미터 달리기 정도는 하라. 그리고 달리면서 코뿔소를 생각하라! 심장이 쿵쿵 뛰며 피가 머리까지 끓어오를 때 모든 세포를 향해 말하라. "나는 코뿔소다! 모두에게 전하라!"

피가 또다시 머리까지 끓어오를 때면 몸속의 모든 세포가 당신이 코뿔소라는 걸 알게 될 것이다. 그리고 그 세포들이 이렇게 외칠 것이다. "자, 어서 가!" 그리하여 그 세포들이 매일 아침 당신과 함께 침대에서 달려 나올 것이며, 당신 몸은 모든 코뿔소 세포들의 달리고 싶다는 갈망에 달아오를 것이다.

내달려라!

늘 최상의 컨디션을 유지하도록 하라. 코뿔소의 삶을 살려
면 무엇보다 건강해야 한다.

RHINOCEROS
SUCCESS

사회적 측면
: 끼리끼리 어울리는 법

이 책 2장에서 나는 올바른 동물들과 어울리는 게 중요하다는 말을 했었다. 나는 이제 그 말을 당신 머릿속에 완전히 입력시키려 한다. 내가 여러 말을 하는 것보다는 다음과 같은 말 몇 가지를 인용하는 게 더 나을 것이다.

"지혜로운 자와 동행하면 지혜를 얻고 미련한 자와 사귀면 해를 받느니라."

— 잠언 13장 20절

"다리를 저는 사람들과 늘 함께 살다 보면 당신 역시 다리 저는 걸 배우게 된다."

— 라틴 속담

"흰 비둘기가 까마귀들과 어울리기 시작하면, 깃털은 흰색 그대로

지만 심장이 까매진다."

– 독일 속담

"어울리는 사람을 보면 당신이 어떤 사람인지 알 수 있다."

– 미겔 데 세르반테스, 스페인 소설가

"부모는 우연히 결정되는 것이지만 친구는 선택하는 것이다."

– 자크 데릴, 프랑스 시인

반드시 올바른 친구를 선택하도록 하라. 우리는 우리가 어울리는 동물과 똑같이 행동하는 경향이 있다. 게다가 당신은 젖소처럼 불평불만을 늘어놓고 나무늘보처럼 게으름을 피우고 양처럼 근심 걱정만 하길 원하진 않을 것 아닌가. 가능한 한 많은 동물을 알고 지내되, 어울리는 건 주로 당신의 성장에 도움을 주는 동물과 어울리도록 하라.

그리고 받으려면 주어야 한다는 사실을 잊지 마라. 이 원칙을 잊는다면 사회적으로 절대 발전할 수 없다. 친구를 사귀려면 다정다감해야 한다. 그런데 당신은 코뿔소이니 걱정할 필요가 없다. 당신이 돌진할 때 누군가 앞을 가로막지 않는 한, 당신은 정글 안에서 가장 다정다감한 동물 중 하나다. 그러니 승리자들과 어울리며 멋진 코뿔소의 삶을 공유하라.

12

RHINOCEROS
SUCCESS

영적 측면
: 인생에서 믿을 구석 하나쯤은 가지자

마지막으로 영적인 측면을 알아보자. 당신이 지금 영적으로 어떻게 지내는지는 자기 자신만 안다. 동물 대부분에게 종교는 아주 사적인 주제다. 어떤 동물은 종교라는 단어만 입 밖에 내도 아주 예민하게 반응한다. 당신이 만일 그렇다면 내가 해 줄 수 있는 말은 단 하나다. 무엇이든 옳고 선하다고 생각하는 걸 믿되 부디 무언가는 믿으라는 것이다.

"끝으로 형제들아, 무엇에든지 참되며 무엇에든지 경건하며 무엇에든지 옳으며 무엇에든지 정결하며 무엇에든지 사랑받을 만하며 무엇에든지 칭찬받을 만하며 무슨 덕이 있든지 무슨 기림이 있든지, 이것들을 생각하라."

– 빌립보서 4장 8절

적어도 이것은 믿어라.

그리고 어차피 무언가를 믿을 거라면, 하나님을 믿는 건 어떤가? 믿는다는 게 할부로 매달 돈이 나가는 일이라면 모르겠지만, 믿는 건 돈 드는 일이 아니다! 처음부터 일요일마다 교회에 갈 필요는 없다. 의무적인 건 없다. 영업 사원이 전화하지도 않는다. 성경을 읽어야 하는 것도 아니며 심지어 성경을 갖고 있지 않아도 된다. 계약서에 서명할 필요도 없다. 그리고 10일 이내에 전혀 만족스럽지 않으면 더는 믿지 않아도 된다. 왜 믿는걸 중단했는지 알아보려는 전화도 전혀 없을 것이다. 믿음을 통해 잃을 건 아무것도 없지만, 믿으면 많은 걸 얻을 수 있다!

"만일 너희에게 믿음이 겨자씨 한 알만큼만 있어도 이 산을 명하여 여기서 저기로 옮겨지라 하면 옮겨질 것이며, 또 너희가 못 할 것이 없으리라."

– 마태복음 17장 20절

코뿔소는 결코 기회를 흘려보내지 않는다. 만일 더 나은 기회를 가질 수 없다면, 코뿔소처럼 하나님을 믿어라. 내가 알기로는 하나님을 믿는 것보다 더 나은 길은 없다!

13

RHINOCEROS
SUCCESS

세상에서 가장 행복한
코뿔소가 되는 방법

현재까지 코뿔소로 살아 보니 어떤가? 행복한가? 그러길 바란다. 만일 그렇지 않다면, 다시 젖소가 있는 초원으로 돌아가라고 권하고 싶다. 슬픈 코뿔소로 사는 것보다는 행복한 젖소로 사는 게 나으니까. 어떤 동물은 젖소로 태어난다. 코뿔소로 사는 게 즐겁지 않다면, 뭣 때문에 그러는가? 코뿔소로 사는 건 행복해지기 위해서인데 말이다.

코뿔소는 새로운 정글 안을 돌아다니며 다른 야생 동물을 만나는 게 행복하다. 젖소는 텔레비전을 보거나 인터넷 서핑을 하는 게 행복하다. 코뿔소는 목표를 향해 전력 질주할 때 행복하다. 젖소는 하루 종일 태양 아래 누워 되새김질하는 게 행복하다.

젖소로 산다고 상심하진 마라. 어떤 이는 스스로 그런 삶을 선택한다. 코뿔소의 정원을 비옥하게 만들려면 젖소 똥 같은 거름이 필요하다. 또 우리 코뿔소가 초콜릿 밀크셰이크를 즐기려면 젖소 젖도 필요하다. 시골의 젖소는 일요일 날 롤스로이스를 타고 지나가면서 보면 멋진 볼거리이기도 하다. 게다가 소가죽은 매력적인 지갑 재료다.

행복한 젖소가 되든 행복한 코뿔소가 되든, 그건 당신의 선택이다. 잘 알겠지만, 모든 사람에겐 선택할 권리가 있다. 하지만 당신의 부모가 젖소였다고 해서 당신까지 젖소여야 할 필요는 없다. 코뿔소와 함께 거닐어 보라. 진정 행복해져 보라!

시골의 젖소는 일요일 날 롤스로이스를 타고 지나가면서 보면
멋진 볼거리이기도 하다.

행복한 쪽을 선택하라

:

코뿔소로 살면 행복이 보장될까? 물론 그렇지는 않다. 다시 말하지만 모든 건 당신이 선택하기 나름이다. 행복한 코뿔소가 있고 불행한 코뿔소도 있다. 행복한 젖소가 있고 불행한 젖소도 있다. 행복한 곰이 있고 슬픈 곰도 있다. 행복한 땅돼지가 있고 슬픈 땅돼지도 있다. 행복한 사자가 있고 슬픈 사자도 있다. 자신의 마음 상태는 모두 스스로 선택한다. 기왕이면 행복한 쪽을 선택하라. 그러면 정말 행복해진다.

삶을 사랑하라! 모든 동물들, 심지어 젖소도 사랑하라. 푸른 하늘과 밤하늘의 별, 모든 아름다운 것을 사랑하라. 자기 자신을 사랑하고, 우리를 만드신 조물주를 사랑하라. 그러면 아주 아주 행복해질 것이다.

코뿔소가 되면 정말 기분이 좋다

:

행복이란 당신 자신에 대해 기분 좋은 것이다. 스스로 특별하게 대하라. 머리카락이 지저분하면 기분도 지저분해지니 깨끗이 감아라. 매일 아침 머리를 감아 두 번 다시 지저분한 기분이 들지 않게 하라. 밖에 나가 자신의 뿔을 전문가의 도움으로 멋지게 손질하라. 몸을 보기 좋게 가꾸면 기분이 좋아진다. 기분이 좋아지면 전력 질주하게 되고 성공에 이르게 된다. 그러면 다시 기분이 좋아진다. 스스로 에너지 사이클 같은 걸 만들어 내게 되는 것이다.

세상에서 가장 행복한 코뿔소가 되고 싶다면 기회는 얼마든지 있다. 그 기회를 잡도록 하라. 행복은 아주 간단한 건데, 어떤 이는 그걸 복잡하게 만들어 제대로 누리지도 못한다. 당장 스스로 결정을 내려 흥겹고 쾌활하고 활기차고 친근하고 사랑스럽고 잘 내달리는 코뿔소가 돼라. 마음먹는 순간 정말 그렇게 된다! 축하한다!

언제나 좋을 수만은 없는 법

:

물론 기분이 안 좋은 날도 있을 것이다. 전력 질주하는 건 고사하고 침대에서 빠져나오기도 싫은 날은 따분하고 불만스러운데다 좌절감까지 들 것이다. 1년 중에 며칠은 그런 날로 제쳐놔야 할 것이다. 언제 그런 날이 올지는 전혀 알 수 없다. 그냥 아침에 눈을 떴는데 기분이 영 엉망인 것이다. 걱정하진 마라. 다행히 그런 날은 하루 이틀이면 끝날 것이다. 그런 날은 최선을 다해 잘 넘기도록 하라. 그러면 곧 다시 예전의 코뿔소로 돌아가게 될 것이다. 그럼 다시 또 계속 내달려라!

절대 유머 감각을 잃지 마라

:

자기 자신을 보며 웃는 법을 배워라. 정말 쉬운 일이다. 몸무게가 3톤 가까이 나가는 코뿔소가 소득세 신고서를 작성하고 앉아 있는 걸 본 적이 있는가? 절로 웃음이 나지 않겠는가? 아마 당신은 정말 소리 내어 깔깔대며 웃게 될 것이다. 올 연말이면 자기 자신이 그러고 앉아 있을 테니 말이다. 내 눈에는 벌써 그런 당신이 보이는 듯하다. 덩치가 산만 한 코뿔소가 소득세 신고서를 앞에 놓고 웅크리고 앉아 땀을 뻘뻘 흘리며 뜨거운 입김을 내뿜고 있는 모습 말이다.

세금 내는 것에 대해 화를 내지 말고 오히려 감사하게 받아들이도록 하라. 우리 코뿔소가 정글 안에서 이곳저곳 돌진하며 돈을 벌고 행복해하는 동안, 낯선 코뿔소의 공격으로부터 우리를 보호해 주기 위해 내내 앉아서 레이더 화면을 지켜보고 있는 젖소에게 월급을 줄 수 있다는 사실에 감사하라. 세금 담당 젖소를 속일 방법을 알아내는 일에 너무 많은 에너지를 허비하지 마라. 차라리 그 시간에 나가 더 많은 표적을 향해 돌진하라. 당신은 젖소가 1년 내내 버는 것보다 더 많은 돈을 매년 세금으로 낸다는 사실에 기뻐하라!

내 눈에는 벌써 그런 당신이 보이는 듯하다. 덩치가 산만한 코뿔소가 소득세 신고서들을 앞에 놓고 웅크리고 앉아 땀을 뻘뻘 흘리며 뜨거운 입김을 내뿜고 있는 모습 말이다.

인플레이션의 재발견

:

인플레이션은 얼마나 감사한 일인가! 당신은 혹 인플레이션 상황에선 처음 백만 달러를 만드는 게 얼마나 쉬운지 아는가? 젖소는 전부 물가가 비싸다며 불평불만이 많지만, 당신은 나가서 돈을 긁어모으고 있다. 물론 롤스로이스에 기름을 넣으려면 돈이 좀 더 들지만, 롤스로이스를 모는 건 정말 즐겁지 않은가! 젖소는 비싼 기름값 때문에 차를 끌고 다니지 않아서 교통 혼잡이 덜하니, 당신은 평소의 절반밖에 안 되는 시간으로 은행에 달려갈 수 있다.

모든 게 늘 더없이 잘 돌아간다

:

좌절과 실망을 최대한 덜 느끼며 번성하려면, 모든 게 늘 더없이 잘 돌아간다는 확신이 있어야 한다. 지금 당장 이렇게 말해 보라. "모든 게 늘 더할 나위 없이 잘 돌아간다." 다시 말하지만, 당신이 그렇게 믿으면 실제로 늘 그렇게 된다.

모든 게 늘 믿음으로 귀결되는 게 흥미롭지 않은가? 당신은 당신 자신이 코뿔소라는 걸 믿어야 하고, 어떤 목표든 이룰 수 있다는 걸 믿어야 하며, 당신 자신을 믿어야 하고, 당신의 미래를 믿어야 한다. 역사상 전 세계에서 가장 위대했던 코뿔소는 이런 식으로 말했다. "당신이 믿기만 한다면, 모든 게 가능하다."

가장 오래된 자기계발서

:

혹시 성경이 가장 오래된 자기계발서라는 사실을 알고 있었는가? 당신은 사실 성공한 삶을 사는 법을 배우기 위해 다른 자기계발서들을 읽을 필요가 없다. 정말 필요한 건 단 하나, 성경뿐이다. 모든 답이 그 안에 있다. 모든 자기계발서들은 말만 조금씩 다를 뿐 결국 다 성경을 토대로 쓰인 것들이다.

혹 종교에 빠진 코뿔소로 보일까 봐 걱정되는가? 그럴 필요 없다. 성경에서 예수는 우리로 하여금 더 풍요로운 삶을 살 수 있게 해 주려고 왔다고 말하고 있는데, 사실 우리 모두가 원하는 게 바로 더욱 풍요로운 삶을 사는 것이다. 자, 그럼 확인해 볼 필요가 있지 않겠는가?

"사람은 할 수 없지만 하나님께서는 하실 수 있다. 하나님께서는 모든 것이 가능하다."

– 마가복음 10장 27절

하나님은 확실히 당신 편을 들어주는 멋진 분 같지 않은가? 그러니 성경을 당신의 필독 도서 목록에 올려라. 그리고 필요하다면, 주변에 아무도 없을 때 살짝살짝 읽어보라. 성경 내용 중에서도 특히 마태복음부터 읽는 게 좋을 것이다.

성경을 당신의 필독 도서 목록에 올려라. 그리고 필요하다면, 주변에 아무도 없을 때 살짝살짝 읽어보라.

일상의 소소한 재미를 즐기자

:

가끔 운전할 때 다른 운전자들을 잘 살펴보라. 그들의 표정이 어떤가? 웃고 있는가? 왠지 들떠 보이는가? 도로에서 운전자들을 유심히 살피면 온통 좀비들이 운전하는 자동차들로 북적댄다는 걸 알게 될 것이다. 많은 자동차 사이를 달리면서 대부분 운전자는 멍한 표정을 짓고 있다. 그리고 어떻게 해서든 다른 운전자와 시선을 마주치지 않으려 한다. 웃음이란 존재하지 않는다. 생명을 느끼게 하는 건 그들의 자동차가 움직이고 있다는 사실 하나뿐이다. 자동차가 움직이려면 누군가가 엑셀레이터 페달을 밟아야 하니 말이다.

다음 신호등이 나올 때 가장 가까운 좀비 옆에 차를 세우고 뚫어지게 그 운전자를 쳐다보라. 그 무표정한 얼굴을 자세히 살펴보라. 대체 무슨 생각을 하는 걸까? 마치 자기 자신의 장례식이라도 치르러 가는 사람 같다. 계속 뚫어지게 쳐다보라. 재미있다. 그러나 상대 운전자가 아무리 큰 쇼크 상태에 빠져 있는 듯해도, 일단 당신이 계속 쳐다보면 뭔가 눈치를 챌 것이고, 해서 대체 무얼 그리 열심히 쳐다보나 하며 당신 쪽을 돌아볼 것이다.

그런 경우 보통 당신은 상대 운전자가 돌아보자마자 시선을 딴 데로 돌린다. 그러나 이번에는 그러지 마라. 대신 미소를 짓거나 손을 흔들어주어라. 상대는 완전히 당혹스러워할 것이다. 다음에 어떻게 하는지 보라. 운전자 대부분은 바로 초조한 미소를 지어 보인 뒤 파란불이 왜 빨리 안 들어오나 하는 표정으로 다시 정면을 응시할 것이다. 정말 재밌는 게임 아닌가?

상대 좀비가 뚫어지게 쳐다보는 것만으로 혼수상태에서 헤어나오지 못하면 경적을 울려라. 그런 뒤 상대가 당신을 돌아다보면, 마치 몇 년간 못 본 친한 친구를 만난 듯 최대한 활짝 웃으며 손을 흔들어보라.

이 게임의 점수는 이렇게 매기면 된다.

- 돌아보며 미소 지어 보이고 손을 흔들면 2점

- 그냥 미소만 지어 보이면 1점

- 단순히 혼수상태에서 깨어나면 0점

- 그 외에는 마이너스

팁 주는 일도 재미있게

:

또 다른 재미있는 코뿔소 게임은 팁 주기다. 물론 팁을 주는 건 특별한 일이 아니라는 걸 안다. 심지어 젖소와 양도 팁을 주니까. 그러나 그들은 늘 정해진 동물들에게 팁을 준다. 그리고 대개는 주차 요원, 웨이터와 웨이트리스, 짐꾼, 미용사 등이 팁을 받는다. 팁을 줄 다른 동물들을 찾아보라. 만일 세일즈 동물이 일부러 당신을 찾아와 세일즈 활동을 했다면, 팁을 줘라. 친절한 계산대 직원에게도 팁을 줘라. 많은 돈을 줄 필요는 없다. 한 번도 팁을 받아본 적이 없는 동물 입장에선 1달러만 받아도 기분 좋은 날이 될 것이다. 그러나 웨이터나 웨이트리스에게 1달러를 주면 아마 째려볼 것이다.

팁을 받아본 적이 없는 동물들에게 팁을 주는 건 재미있는 일이다. 물론 받을 자격이 없는 동물에게 팁을 주진 마라. 예를 들어 다 뭉개지게 당신 빵을 맨 밑에 놓고 포장한 동물에게 팁을 준다면, 당신은 코뿔소가 아니라 멍청이가 된 기분일 것이다.

수표를 갖고 다녀라

:

언제든 적어도 수표 1장은 갖고 다녀라. 그 돈을 내보이거나 쓰지는 마라. 그냥 가지고만 다녀라. 돈은 힘이다. 돈을 지니고 있으면 당신이 가지고 있는 코뿔소 힘을 떠올리는 데 도움이 될 것이다. 그 돈을 분실하거나 강도를 당하거나 누군가 훔쳐 갈까 걱정하진 마라. 만일 그게 걱정된다면 당신은 정말 좀생이며, 그런 증상이 더 커지기 전에 고치는 게 좋다. 당신이 누구인가? 대담한 코뿔소 아닌가!

새로운 경험을 하라

:

젖소와 양은 주말이면 외식을 즐기고 영화를 본다. 그러나 코뿔소라면 뭔가 달라야 하지 않겠는가! 한 번도 해 본 적 없는 일을 경험해 보라. 스카이다이빙을 하든 롤러스케이트를 타든 오페라를 보러 가든 록 콘서트에 참석하든 디스코 춤을 추든 미술관을 방문하든, 적어도 일주일에 한 번은 뭔가 완전히 새로운 걸 해 볼 계획을 짜라. 모든 걸 조금씩 맛보라! 당신의 지평을 넓혀라. 젖소처럼 하루 종일 소파에 앉아 텔레비전이나 보는 무기력한 비곗덩어리는 되지 마라. 잊지 마라. 코뿔소의 삶은 모험 그 자체다!

한 번도 해 본 적 없는 걸 경험해 보라.

무소의 뿔처럼 당당하게 나아가라

코뿔소와 사귀어라

:

어디에 있든 늘 코뿔소 친구를 찾아라. 코뿔소는 그리 많지 않다. 동물 100마리 가운데 5마리 정도밖에 안 된다. 코뿔소로 보이는 동물이 눈에 띄면 다가가 당신도 코뿔소라고 소개하라. 코뿔소는 다른 코뿔소와 만나는 걸 아주 좋아한다. 쑥스러워하지 말고 대담해져라. 당신은 코뿔소야! 피부 두께가 5센티미터나 된다고! 시간을 내주어 고맙다고 하라. 그리고 명함을 주고받아라. 가능한 한 많은 코뿔소와 알고 지내라. 코뿔소도 가끔은 사소한 도움이 필요할 때가 있다.

RHINOCEROS
SUCCESS

이제 당신은
코뿔소가 되어야 한다

이제 마지막 장이다. 아직도 코뿔소가 되기로 마음먹지 않았다면, 이 장은 내가 당신에게 강력히 권할 수 있는 마지막 기회이다. 당신이 코뿔소가 되는 건 나를 위한 게 아니라는 걸 알 필요가 있다. 당신은 이미 이 책을 샀다. 당신이 코뿔소가 된 뒤에 내가 당신에게 약을 팔 것도 아니다. 현재로선 당신이 코뿔소가 되기로 마음먹어서 덕 볼 수 있는 사람은 당신뿐이다.

내가 당신에게 바라는 건 단 하나다. 만일 코뿔소가 되기로 마음먹었다면 하고자 하는 일에 전력투구하라는 것이다. 우유부단하고 뜨뜻미지근한 코뿔소보다 더 나쁜 건 없다. 다른 동물들이 가지고 있는 코뿔소에 대한 이미지를 망가뜨리지 마라.

코뿔소든 아니든 둘 중 하나지 그 중간이란 없다. 조금 심하게 밀어붙여 미안하다. 하지만 코뿔소에겐 절대 잃어선 안 되는 이미지가 있다. 자, 그렇다면 그건 대체 어떤 이미지일까?

코뿔소는 우유부단하지 않다

:

부디 당신에겐 양에게서 흔히 볼 수 있는 병인 우유부단함이 없길 바란다. 당신의 우유부단함을 버리는 가장 좋은 방법은 코뿔소가 되는 것이다. 코뿔소는 절대 우유부단해서 애먹는 일이 없다. 모험의 정글 안에서 살다 보면 결정해야 할 일이 부지기수인데, 코뿔소는 뭔가 결정하고 그 결정을 고수하는 데 전혀 어려움이 없다. 모든 일이 늘 더없이 잘 풀린다는 걸 잘 알기 때문이다. 당신이 만일 우유부단해 결정을 잘 못 내린다면, 당장 코뿔소가 되어라.

코뿔소는 근심 걱정하지 않는다

:

아마 당신은 근심 걱정이 많을 것이다. 근심 걱정은 모든 동물에게서 볼 수 있는 불치병이다. 물론 코뿔소는 예외다. 근심 걱정은 당신을 종종 고통스럽고 늘 무기력하게 만든다. 자신이 근심 걱정하는 병에 걸린 것 같다면, 코뿔소가 되는 일을 더는 미루지 말자. 코뿔소는 근심 걱정할 일이 없다. 우리 코뿔소는 그 어떤 동물보다 크며(물론 우리의 좋은 친구인 코끼리는 예외이지만), 사소한 일들에는 눈 하나 깜짝하지 않는다. 잊지 마라. 우리 코뿔소에겐 두께 5센티미터나 되는 피부가 있다. 코뿔소가 되어 모든 근심 걱정에서 벗어나라. 사실 코뿔소는 정글 안을 여기저기 질주하느라 바빠서 근심 걱정하고 앉아 있을 시간도 없다!

근심 걱정과 관련된 또 다른 병은 지나치게 조심하는 병이다. 이 병이 있으면 절대 많은 걸 가질 수 없다. 절대 자신의 잠재력을 제대로 발휘할 수 없다. 코뿔소의 대담함으로 지나치게 조심하는 병을 퇴치하라.

혹시 당신에게 믿음이 없는 게 아닐까? 혹시 의심의 고통을 겪고 있는 게 아닐까? 어쩌면 자신의 능력을 의심하고 있는 게 아닐까? 그건 불치병이다. 너무 늦기 전에 어서 코뿔소가 돼라!

코뿔소처럼 뜨겁게 살아라

:

어쩌면 당신은 무관심에 대해 신경조차 쓰고 있지 않을 수도 있다. 무관심 병을 앓고 있으면서 그 사실조차 모를 수도 있는 것이다. 이 병은 주로 젖소들 사이에서 만연하다. 야망도 없고 '냉랭한 태도'가 그 대표적인 증상이다. 살면서 겪을 수 있는 병들 가운데 최악의 병이 바로 냉랭한 태도일 것이다. 빨리 그 '냉랭함'에서 벗어나지 못한다면 멋진 코뿔소 삶은 끝난 거나 다름없다. 그러니 뜨거워져라! 열정을 보여라! 진정 살아 있다는 걸 보여주어라. 즉시 코뿔소가 되지 않는다면 고치기 힘든 병이다.

부디 당신이 비관주의에 빠져 있지 않길 바란다. 이 추악한 병에 걸리면 불평불만이 많아지고 늘 최악의 것들만 보며 결국에는 패배자가 된다. 생각이 있다면 당장 코뿔소가 돼라. 당신 자신은 물론 당신 주변의 모든 동물까지 더 행복해질 것이다. 낙천주의와 코뿔소는 늘 함께 다닌다. 세상은 낙천적인 코뿔소를 사랑한다!

이제 마음을 먹었는가? 이제 코뿔소가 될 것인가? 축하한다!
당신은 이제 성숙한 코뿔소가 될 것이며, 따라서 늘 번영과 행
복이 따르는 성공한 코뿔소 삶을 살 거라고 공언해도 좋다.

돌진하라!

가자 코뿔소, 가자!

:

당신은 이제 성공의 비결이 코뿔소가 되는 거라는 사실을 알고 있다. 성공의 비결은 타성에서 벗어나는 것이다. 성공의 비결은 질주하는 것이다. 성공의 비결은 스스로 움직이는 것이다. 그러기 전엔 아무 일도 일어나지 않는다!

코뿔소처럼 생각하고 코뿔소처럼 행동하라. 그 외에 다른 길은 없다. 전력 질주를 하지 않는다면 아무리 긍정적인 사고를 해봐야 그 무엇도 이룰 수 없다. 목표를 향해 내달리지 않는다면 아무리 목표들을 적어봐야 소용없다. 아무리 말을 많이 해도 행동에 옮기지 않는다면 입만 아프다. 코뿔소가 되어 꿈을 향해 돌진하지 않는다면 백일몽에 지나지 않는다.

코뿔소여 전진하라! 그리하여 그대의 꿈이 이루어지게 하라!

항상 돌진하라!

14 이제 당신은 코뿔소가 되어야 한다

코뿔소여 전진하라! 그리하여 그대의 꿈들이 이루어지게 하라!

무소의 뿔처럼 당당하게 나아가라

무소의 뿔처럼
당당하게 나아가라

초판 1쇄 발행 2020년 6월 20일
초판 4쇄 발행 2020년 7월 25일

지은이 | 스콧 알렉산더
옮긴이 | 엄성수
발행인 | 홍경숙
발행처 | 위너스북

경영총괄 | 안경찬
기획편집 | 안미성

출판등록 | 2008년 5월 2일 제 2008-000221호
주소 | 서울 마포구 토정로 222, 201호(한국출판콘텐츠센터)
주문전화 | 02-325-8901
팩스 | 02-325-8902

디자인 | 김종민
지업사 | 월드페이퍼
인쇄 | 영신문화사

ISBN 979-11-89352-28-8 (03320)